马/克/思/主/义/理/论/与/实/践/论/丛

华中科技大学自主创新项目"新发展理念视域下现代化经济体系评价指标体系构建与实证研究"（项目编号：2019WKYXZX004）成果

现代化经济体系理论与实证研究

沈昊驹　著

中国·武汉

图书在版编目(CIP)数据

现代化经济体系理论与实证研究/沈昊驹著. —武汉:华中科技大学出版社,2023.5
(马克思主义理论与实践论丛)
ISBN 978-7-5680-9475-7

Ⅰ.①现… Ⅱ.①沈… Ⅲ.①中国经济-经济体系-研究 Ⅳ.①F123

中国国家版本馆 CIP 数据核字(2023)第 093716 号

现代化经济体系理论与实证研究
Xiandaihua Jingji Tixi Lilun yu Shizheng Yanjiu

沈昊驹 著

策划编辑:杨　玲
责任编辑:王晓东
封面设计:原色设计
责任校对:张汇娟
责任监印:周治超

出版发行:华中科技大学出版社(中国·武汉)　　电话:(027)81321913
　　　　　武汉市东湖新技术开发区华工科技园　　邮编:430223
录　　排:华中科技大学惠友文印中心
印　　刷:武汉市洪林印务有限公司
开　　本:710mm×1000mm　1/16
印　　张:14.75　插页:2
字　　数:198 千字
版　　次:2023 年 5 月第 1 版第 1 次印刷
定　　价:69.00 元

本书若有印装质量问题,请向出版社营销中心调换
全国免费服务热线:400-6679-118　竭诚为您服务
版权所有　侵权必究

目录

绪论 / 1
    第一节　研究背景与意义 / 1
    第二节　国内外文献综述 / 5
    第三节　研究内容、思路与方法 / 52
    第四节　研究特色与创新 / 54

第一章　相关概念界定与理论基础 / 56
    第一节　相关概念界定 / 56
    第二节　理论基础 / 71

第二章　现代化经济体系的价值与目标 / 78
    第一节　现代化经济体系的价值 / 78
    第二节　现代化经济体系的建设目标 / 87

第三章　现代化经济体系评价指标的构建 / 101
    第一节　现代化经济体系评价指标的构建原则、方法及逻辑 / 101
    第二节　指标体系的具体解释 / 111
    第三节　指标的标准化与权重设置 / 118

第四章　现代化经济体系评价指标实证分析 / 126
    第一节　数据来源及测算说明 / 126
    第二节　现代化经济体系的综合评价与比较 / 128

第五章　主要结论与政策建议 / 162
　　第一节　主要结论 / 162
　　第二节　政策建议 / 167
附录 A　随机一致性 RI 值 / 177
附录 B　标准化后各指标描述统计量 / 177
附录 C　成分得分系数矩阵 / 180
附录 D　公因子 1、2、3 的成分图 / 184
附录 E　因子得分测算——Z 标准化因子得分 / 185
附录 F　部分省份残差序列图 / 208
附录 G　部分省份预测拟合图 / 209
参考文献 / 210
后记 / 228

CONTENTS

Introduction/ 1

    0.1   Research background and significance/1

    0.2   Literature review at home and abroad/5

    0.3   Research contents, ideas and methods/52

    0.4   Research Features and Innovation/54

Chapter Ⅰ   Definition of relevant concepts and theoretical basis/ 56

    1.1   Definition of relevant concepts/56

    1.2   Theoretical basis/71

Chapter Ⅱ   Values and objectives of the modern economic system/ 78

    2.1   The value of the modern economic system/78

    2.2   Construction objectives of the modern economic system/87

Chapter Ⅲ   Construction of evaluation indicators of modern economic system/ 101

    3.1   Construction principles, methods and logic of evaluation indicators of modern economic system/101

    3.2   Specific explanation of indicator system/111

    3.3   Standardization and weight setting of indicators/118

Chapter IV Empirical analysis of evaluation indicators of modern economic system/ 126

    4.1 Data source and calculation description/126

    4.2 Comprehensive evaluation and comparison of modern economic system/128

Chapter V Main conclusions and policy suggestions/ 162

    5.1 Main conclusions/162

    5.2 Policy Suggestions/167

Appendix A   Random consistency RI value/ 177

Appendix B   Description statistics of indicators after standardization/ 177

Appendix C   Component score coefficient matrix/ 180

Appendix D   Composition diagram of common factors 1,2 and 3/ 184

Appendix E   Factor score calculation—Z standardized factor score/ 185

Appendix F   Residual sequence diagram of some provinces/ 208

Appendix G   Forecast fitting diagram of some provinces/ 209

Reference/ 210

Postscript/ 228

绪　　论

第一节　研究背景与意义

一、研究背景

现代化经济体系,是由社会经济活动各个环节、各个层面、各个领域的相互关系和内在联系构成的一个有机整体。

2017年10月,习近平总书记在党的十九大报告中首次提出建设现代化经济体系,提出"我国经济已由高速增长阶段转向高质量发展阶段",同时强调"建设现代化经济体系是跨越关口的迫切要求和我国发展的战略目标"。① 这是着眼于中国特色社会主义进入新时代这一我国发展新的历史方位,着眼于当前人民日益增长的美好生活需要同不平衡不充分的发展这一变化了的我国现阶段的主要矛盾,着眼于中国经济目前处于增长速度换挡期、结构调整阵痛期和前期刺激政策消化期这一三期叠加的现实情况,来阐述建设现代化经济体系的必要性和重要性。建设现代化经济体系是党

---

① 习近平.决胜全面建成小康社会　夺取新时代中国特色社会主义伟大胜利——在中国共产党第十九次全国代表大会上的报告[M].北京:人民出版社,2017:33.

中央从党和国家事业全局出发,着眼于实现"两个一百年"奋斗目标、顺应中国特色社会主义进入新时代的新要求作出的重大决策部署。建设现代化经济体系,是中国特色社会主义经济转变发展方式、优化经济结构、转换增长动力的必然要求,是中国特色社会主义政治更加民主、中国特色社会主义文化更加自信、中国特色社会主义制度优势更加彰显的重要基础,也是把中国全面建成富强民主文明和谐美丽的社会主义现代化强国和实现中华民族伟大复兴的中国梦的必然选择。

2020年10月29日,中国共产党第十九届中央委员会第五次全体会议审议通过了《中共中央关于制定国民经济和社会发展第十四个五年规划和二〇三五年远景目标的建议》(以下简称《建议》)这一开启全面建设社会主义现代化国家新征程、向第二个百年奋斗目标进军的纲领性文件。《建议》是随后5年乃至一个更长时期内我国经济社会发展的行动指南,在我国发展进程中具有里程碑意义。"现代化经济体系"反复出现在《建议》的指导思想和近期目标、远期目标之中。《建议》明确提出,到2035年,我国要基本实现新型工业化、信息化、城镇化、农业现代化,建成现代化经济体系。具体说来,作为一个相互关系和内在联系的各个环节、各个层面、各个领域的有机整体,现代化经济体系包括"创新引领、协同发展的产业体系,统一开放、竞争有序的市场体系,体现效率、促进公平的收入分配体系,彰显优势、协调联动的区域发展体系,资源节约、环境友好的绿色发展体系,多元平衡、安全高效的全面开放体系以及充分发挥市场作用、更好发挥政府作用的经济体制",简而言之就是"六个体系一个体制"。其中产业体系是基础和前提,实现经济体系的现代化,首先要实现产业体系的现代化。因此,《建议》重点讲了制造业、新兴战略产业、现代服务业等三大重点产业的发展问题,从一定意义上说,这三大重点产业分别代表了我国经济的优势、世界经济的前沿和我国经济中的短板。

党的二十大报告对加快建设现代化经济体系作出新的战略部署。习近平总书记在党的二十大报告中明确指出："我们要坚持以推动高质量发展为主题……推动经济实现质的有效提升和量的合理增长。"①建设现代化经济体系不仅是我国发展的战略目标,也是转变发展方式、优化经济结构、转换增长动力的迫切要求。构建现代产业体系既是建设现代化经济体系的重中之重,也是实现高质量发展的关键所在。

新时代现代化经济体系建设的核心在于高质量发展,而实现高质量发展,必须贯彻新发展理念。关于理念的作用,习近平总书记多次指出:理念是行动的先导,一定的发展实践都是由一定的发展理念来引领的。发展理念是否对头,从根本上决定着发展成效乃至成败。实践告诉我们,发展是一个不断变化的进程,发展环境不会一成不变,发展条件不会一成不变,发展理念自然也不会一成不变。党的十八大以来我们党对经济社会发展提出了许多重大理论和理念,其中新发展理念是最重要、最主要的。2015年10月,在党的十八届五中全会上,习近平总书记提出创新、协调、绿色、开放、共享的新发展理念,为中国发展提供了基本遵循。新发展理念是习近平经济思想的灵魂。习近平总书记指出:"创新是引领发展的第一动力,协调是持续健康发展的内在要求,绿色是永续发展的必要条件和人民对美好生活追求的重要体现,开放是国家繁荣发展的必由之路,共享是中国特色社会主义的本质要求,坚持创新发展、协调发展、绿色发展、开放发展、共享发展是关系我国发展全局的一场深刻变革。"②"新发展理念是一个系统的理论体系,回答了关于发展的目的、动力、方式、路径等一系列理论和实践问题,阐明

---

① 习近平.高举中国特色社会主义伟大旗帜 为全面建设社会主义现代化国家而团结奋斗——在中国共产党第二十次全国代表大会上的报告[M].北京:人民出版社,2022:28.

② 习近平.全党必须完整、准确、全面贯彻新发展理念[J].求是,2022(16).

了我们党关于发展的政治立场、价值导向、发展模式、发展道路等重大政治问题,全党必须完整、准确、全面贯彻新发展理念。"①党的十九届六中全会审议通过的《中共中央关于党的百年奋斗重大成就和历史经验的决议》强调:"贯彻新发展理念是关系我国发展全局的一场深刻变革,不能简单以生产总值增长率论英雄,必须实现创新成为第一动力、协调成为内生特点、绿色成为普遍形态、开放成为必由之路、共享成为根本目的的高质量发展,推动经济发展质量变革、效率变革、动力变革。"②创新、协调、绿色、开放、共享的五大发展理念作为引领我国经济社会发展的重要思想武器,是"十四五"时期乃至今后更长时期我国发展的总体思路、发展的基本方向和发展的着力点的集中体现,同时也是推进经济体系现代化的重要引擎。

在新发展理念视域下建设现代化经济体系,"既是一个重大理论命题,更是一个重大实践课题。"因此,对于现代化经济体系的研究必须理论与实践并重。然而,就目前国内外的情况来看,学者们对现代化经济体系的研究更偏向质的和理论的分析,量的和实证的研究比较缺乏。对于在新发展理念视域下建构一套科学合理评价经济体系现代化的指标体系并进行实证分析,尚有待学者们进一步发掘。

二、研究意义

(1)理论意义:新发展理念是经济体系现代化的题中应有之义,在新发展理念下构建现代化经济体系的评价指标体系,在理论上有利于厘清现代化经济体系的内涵、逻辑和范畴,弄清楚经济体

---

① 习近平.全党必须完整、准确、全面贯彻新发展理念[J].求是,2022(16).
② 中共中央关于党的百年奋斗重大成就和历史经验的决议[M].北京:人民出版社,2021:28.

系的各个有机组成部分及各自的特点;有利于梳理新发展理念与现代化经济体系的关系,弄清楚经济体系各部分如何体现五大发展理念;有利于深化对习近平新时代中国特色社会主义经济思想的理解,更好地贯彻习近平新时代中国特色社会主义经济思想。

(2)实践意义:根据新发展理念对经济体系进行建构,建构一套现代化的经济体系评价指标体系并赋权,按该指标体系对当前经济体系进行实证检验,在实践中有利于评价不同发展阶段现代化经济体系的发展水平,有利于发现经济体系建设的短板并为补齐短板提供合理化的建议,有利于确保供给侧结构性改革的方向,有利于完善现代化经济体系的建设机制并最终实现经济高质量发展这一首要任务。

第二节 国内外文献综述

一、国外文献综述

经济体系的现代化,是一个国家或地区现代化的基础。国外虽然没有人明确提出"现代化经济体系"的概念,但从现代化理论对实践所做的总结来看,现代化是一个国家或地区经济发展的一次飞跃,它必然从产业结构、生产方式、生活方式甚至政治生活等多个层面的重大变化中表现出来。也正因为现代化是通过如此多的层面展现出来,不同学科的学者对于现代化的概念莫衷一是,在所有现代词语中,恐怕再也找不到一个词能如同"现代化"那样,使用的频率如此之高,而词义却又如此不一致。有的认为"现代化"是一种比较理想化的状态,例如认为"现代化"是一种社会的和心理的结构。从事人类学研究的曼宁·纳什(Manning Nash)认为,"现代化"是使社会、文化和个人各自获得经过检验的知识,并把它运用于日常生活的一种过程。有的认为"现代化"促进科学运用于生产过程。例如有学者认为"现代化"既是物质性的现代化又是意识形态性的现代化。伊曼努尔·华勒斯坦（Emmanuel Wallerstein）在《自由主义的终结》中曾介绍了不同见解的两种现代化。一种含义具有一种积极性、前瞻性，指最先进的技术，通常表现在有形的物质上：飞机、轿车、空调设备、电视和计算机。还有一种具有较多意识形态性而较少物质性，认为"现代"意味着反对中世纪。但更多的学者更倾向于认为"现代化"是一个过程，例如认为"现代化"是一种特殊的社会变革。贝迪阿·纳思·瓦尔马（Bedia Nath Walma）在《现代化问题探索》一书中认为，这种变革会首先渗透到西方人的价值观念、态度、信念和行动中，并改变西方社会的制度和目标。西方社会现代化的制度和目标可明确表达如下：个性化、都市化、民众教育、具有代表性的政府、增加国民生产总值（GNP）、增加各阶层收入、向伤残贫困者提供福利。另一些学者认为"现代化"是一个人们获得新的社会化模式的过程。K. W. 道易治（K. W. Deutsch）对现代化的定义就是："人们所承担的绝大多数旧的社会、经济、心理义务受到侵蚀而崩溃的过程；人们获得新的社会化模式的过程。"[1]还有些学者认为"现代化"是一种社会变革。社会学家丹尼尔·勒纳（Daniel Lerner）为《国际社会科学百科全书》撰写的"现代化"条目说，现代化是一个旧的社会变革过程的流行术语，而这个过程就是"欠发达社会"获得"较发达社会"共有特征的社会变革……，它是由国际或社会之间的交流触发的。《中国大百科全书》对"现代化"一词的定义是："传统社会和现代社会是具有相互排斥特征的社会，由传统向现代演进的过程就是现代化。"

---

[1] Deutsch K W. Social Mobilization and Political Development[J]. The American Political Science Review, 1961, 55(3).

虽然不同学者对"现代化"的概念有不同的界定,但现代化理论从根本上说乃是一种有关社会发展的学说。发展社会学和世界体系论,是20世纪50—70年代社会学领域中的主要现代化理论。发展社会学的代表人物如美国的M.T.利维,以色列的S.N.艾森斯塔特等,从西方经典社会学的理论和分析框架出发,提出人类历史无非就是传统和现代,人类的发展历史就是从传统向现代的过渡和转变。但他们认为,人类社会的发展是单线的,现代化只有一种,即所谓欧美等西方国家已经历经了的、发展中国家迟早也要走的这一条路。国外现代化理论从20世纪50年代提出并受到广泛重视以来,发展到今天基本形成五大研究方向。①

(一)关于现代化研究的经济学方向

现代化首先反映在经济领域,所以关于现代化的研究首先出现在经济学领域。现代化经济体系研究的经济学方向显然是现代化研究理论的主导方向。例如,20世纪50年代美国"经典现代化理论"的结构功能学派把经济现代化解释为经济系统从政治系统独立、分化出来;库兹涅兹把"经济增长"解释成现代化的综合概念,认为它包括产品、生产力、结构、社会政治、意识形态、国际空间等六个方面的变化,而不单单是物质的变化。因此,国外二战后出现的一批研究现代化的学者,就如何衡量经济体系现代化的主要指标进行了探索。以美国经济史学家、发展经济学先驱之一的阿瑟·刘易斯(Arthur Lewis)、华尔特·惠特曼·罗斯托(Walt Whitman Rostow)、著名的西方马克思主义经济学家安德烈·冈德·弗兰克(Andre Gunder Frank)以及俄裔美国经济学家、诺贝

---

① 布莱克在其1966年出版的《现代化的动力:比较历史的研究》一书中,曾经把现代化理论研究归列到政治学、经济学、社会学、人文科学和制度学等5个研究方向。

经济学奖获得者西蒙·史密斯·库兹涅茨（Simon Smith Kuznets）等为代表，他们在现代化研究发展经济学或者增长经济学理论方面，以及如何衡量现代化经济发展水平的实践方面皆有贡献。

在理论研究方面，最具开创性的人物当数经济学家刘易斯。刘易斯指出：当前发展中国家贫困与落后的根源，在于二元经济结构，即强大的传统农业部门与弱小的现代资本主义部门的对立，这使得资本主义的发展受到限制。现代化的过程，就是不断减少传统农业部门的重要性，建成一个发达资本主义社会的过程。这一过程首先由英美等发达的中心国开始，经过工业化得以实现，而处于边缘国家的现代化只有两种选择：或模仿中心国的工业化，或通过与中心国的经济联系为工业化创造条件。这样看来，刘易斯眼中的现代化，实际上就是以西方资本主义国家为仿效对象、全面推行"工业化"进而实现所谓"西化"的过程。与刘易斯相比，经济学家罗斯托则更进了一步。罗斯托超越单线型的生产方式理论以及以西方为中心的"中心边缘"模式，提出了经济成长的阶段论。罗斯托将人类社会的发展分为五个阶段。第一是"传统社会阶段"；第二是"为起飞创造前提阶段"，即起飞前的准备阶段；第三是"起飞阶段"；第四是"趋向成熟阶段"；第五是"大众高消费阶段"。罗斯托据此认为，现代社会就是具备经济上自我持续增长能力的社会，而现代化进程中最为关键的时期就是"起飞阶段"。"起飞"完成后，经济的持续增长使社会开始向现代过渡，这就是现代化的过程。由此看来，罗斯托的经济成长理论抽去了社会形态的性质，但显然也是以西方资本主义社会的发展历程为考察原本的，在这方面他与刘易斯同出一辙。工业化是现代化的核心内容，而工业化必然造成人类使用的能源在结构上发生变化，美国学者列维（Levy）因此从这一视角对现代化的概念加以说明。列维指出："我的现代化定义的关键，在于使用无生命能源和使用工具来增加努力的效果。……认定一个社会是较高现代化还是较低现代化，根据的是该社会成员使用无生命能源和(或)使用工具来增加他们努力效果的程度。在任何社会中,这两种成分中任何一个都不可能完全缺失或完全存在。"列维后来在谈到现代化的标准时再次表达了类似的观点。他认为:"现代化的标准是非生物能源与生物能源的比率,比率越高,现代化的程度越高。当然,即使比率非常之低,一个社会也绝不可能缺乏两种能源中的任何一种。同时,无论一个社会现代化水平如何高,也不可能完全不使用生物能源。就最低限度地说,无论多么经济地使用能源,做决策总是要运用人脑能源,除非达到机器主宰一切的地步。"

在衡量现代化经济发展水平的实践方面,因为现代化的初期特征主要体现为工业化,所以学术界一般用"工业化水平"和"城市化水平"来测度经济体系的现代化程度。这种测度标准和进一步的定量分析,在不同时期有过不同的描述。

(1)1960年,在日本箱根召开的"国际现代化会议"上,来自世界各国社会学、经济学、政治学、历史学等领域的学者认真而有系统地讨论了有关现代化的问题,最终提出了8项现代化的衡量和比较标准:①人口相对高度地集中于城市,整个社会越来越以城市为中心;②使用非生物能源的程度比较高,商品流通广泛,服务设施增加;③社会成员在广大的空间内相互作用,广泛参与经济和政治事务;④村社和代代相传的社会群体普遍解体,导致个人有更大的社会流动性,个人在社会的行为具有更广泛和多种不同的范围;⑤全面推广文化知识及随之而来的个人对其周围环境传播的世俗化和越来越科学化的倾向;⑥广大和深入的大众交流网络;⑦政府、商业、工业等大规模社会机构的存在及这些机构中日益增多的官僚组织;⑧在一个大的民众团体控制下,各大民众团体加强统一(即国家),这些单位之间的相互作用日益增加(即公共关系)。

(2)1966年,西里尔·爱德华·布莱克(Cyril E Black)教授分别从经济发展水平和社会流动水平的角度,提出了能大体揭示"前现代化社会"向"高度现代化社会"转变过程中所发生变化的现代化10项标准(见表0-1)。布莱克提出的这10项标准,反映了学术研究对社会和时代的关心,反映了人们力求寻找一种比较简单明了的方法去测量社会发展水平的心理,但由于这些指标不够精确,可操作性不强,一般只是作为文献被引用,没有成为度量现代化进程的有效工具。

表 0-1 布莱克建构的现代化指标体系

指标	低	高
1. 人均 GNP(以 1973 年美元计算)	200～300	4000～6000
2. 能源消费(人均煤当量,千克标准煤)	10～100	5000～10000
3. 劳动就业比例(%)		
农业	85～95	5～10
工业	5～10	30～40
服务业	5～10	40～60
4. 各部门 GNP 比例(%)		
农业	40～60	5～10
工业	10～20	40～60
服务业	20～40	40～60
5. 终极用途占 GNP 比例(%)		
消费	80～85	55～60
资本形成	5～10	20～30
政府开支	5～10	25～30
6. 城市化(10 万人以上城市占总人口的比例,%)	0～10	50～70
7. 教育		
中小学(适龄组的入学比例,%)	20～50	90～100
高等教育(每百万居民中的学生数)	100～1000	10000～30000
8. 健康状况		
新生儿死亡率(每千名出生儿童的死亡数)	150～500	13～25
食物供应(人均每日卡)	1500～2000	3000～3500

续表

指标	低	高
医生（每百万居民中的医生数）	10~100	1000~2400
9.交流		
邮件（每人每年投寄国内信件数）	1~10	100~350
电话（每千人计）	1~10	100~500
报纸（每千人发行量）	1~15	300~500
收音机（每千人台数）	10~20	300~1200
电视机（每千人台数）	1~50	100~350
10.收入分配（按收入的占比，%）		
收入最低的1/5居民	8~10	4
收入最高的1/5居民	40~50	45
收入最高的1/100居民	20~30	20

（3）20世纪60年代，美国学者坎特里尔（Hadley Cantril）在其《人类事务模式》一书中利用11个"结构变量"，设计了一种综合指数来测量14个国家的社会经济发展水平，以此来测量并比较各经济体的现代化程度。

（4）20世纪70年代，美国社会学家阿·英克尔斯（Alex Inkeles），在前人研究的基础上，提出了现代化度量的11项标准。即：①人均国民生产总值（GNP）3000美元以上；②农业产值占国民生产总值比例低于12%；③服务业产值占国民生产总值的比例在45%以上；④非农业劳动力占总劳动力的比重在70%以上；⑤成人识字人口的比例在80%以上；⑥在校大学生占20~24岁人口比例在10%~15%；⑦每名医生服务人数在1000人以下；⑧平均寿命在70岁以上；⑨婴儿死亡率在3%以下；⑩人口自然增长率在1%以下；⑪城市人口占总人口的比例在50%以上。由于英克尔斯标准简明、可测、数据容易获得，度量比较直白，因此获得了许多统计工作者的青睐，并且迅速地被加以引用。英克尔斯建构的这一套指标体系更被许多人奉为评估现代化的实用工具。但是仍然有很多学者认为,英克尔斯的标准把现代化的门槛定得过低,只是传统工业化时代对现代化的最低要求,很难适应信息化时代对现代化目标的动态演进,无法反映中国及广大发展中国家实现现代化过程中的"二元性"特征,所以与现代化的要求仍有许多本质上的差别和值得商榷的地方。

(5)20世纪90年代后期的世界财富论坛上,世界著名的财团和企业提出了衡量现代化水平的14项标准(1998)。在这个标准中,大家已经注意到了网络经济、信息产业和经济全球化对现代化进程的作用和影响。Leipert(1987)、Neumayer(2000)、Lawn(2003)等国外学者和国际学术机构也开始编制测试宏观经济、生态环境、资源能源以及生活质量的绿色指数。

(二)关于现代化研究的政治学方向

现代化研究的政治学方向主要以塞缪尔·亨廷顿(Samuel P. Huntington)、戴维·伊斯顿(Easton David)、阿尔蒙德(Gabriel A. Almond)等为代表。

塞缪尔·亨廷顿是当代美国最具影响力的政治学家和思想家之一,他因1993年在《文明的冲突》中预言后冷战时代西方文明与非西方文明的冲突而闻名遐迩。亨廷顿认为,现代化包括工业化、城市化,以及识字率、教育水平、富裕程度、社会动员程度的提高和更复杂而多样化的职业结构。亨廷顿关于后冷战时代国际政治的洞见,源于其深刻独到的文明理论和现代化理论。在亨廷顿的现代化理论中,从政治方面来讲,现代化有以下三个静态的标准:

(1)权威的理性化。即由单一的、世俗化的、全国性的政治权威,取代各种传统的、宗教的、家族的或种族的政治权威。理性化的权威对外坚持民族国家的主权以抵制外国的影响,对内坚持中央政府的主权以控制地方性和区域性权力。因此,政治现代化意味着国家的整合,意味着把权力集中于公认的公共机构手中。

(2)政治功能的专门化。各种专门职能部门,如立法、军事、行政和科学,都应由专门化的机关去执行,这些机关应从政治王国中分离出来。科层组织变得更精密、更复杂、更有纪律性。职位和权力的分配越来越以个人成就为标准。

(3)全社会各阶层的广泛参与性。在现代化国家中,不管是动员性参与还是自主性参与,公民已直接置身于各种政府事务中,并直接受其影响。整个社会的各个阶层或团体在超乎村镇层次上参与政治,以及创立能够组织这种参与的新的政治制度,如政党、政治社团,是政治现代化的最基本要素。

当然,亨廷顿还认为,要达到政治现代化的上述三个标准,必须首先满足两个前提:一是国家适应能力增强,不断地推动社会的经济改革;二是国家有能力将新生的社会力量纳入制度之内。

此外,现代化作为一个过程,亨廷顿还总结了其动态的九个特点:①现代化过程是革命的过程,这是直接依据现代社会与传统社会的比较而来的;②现代化是复杂的过程,不能简单地将现代化过程归纳为某一种因素或某一个范围;③现代化是系统的过程,一个因素的变化将联系与影响到其他各种因素的变化;④现代化是全球的过程,现代化起源于15—16世纪的欧洲,但现在已成为全世界的现象;⑤现代化是长期的过程,现代化所涉及的整个变化需要时间才能解决;⑥现代化是有阶段的过程,一切社会进行现代化的过程都有可能区别出不同水平与阶段;⑦现代化是一个同质化过程,传统社会以许多不同类型存在,现代社会却基本相似;⑧现代化是不可逆过程,虽然在现代化过程的某些方面可能出现暂时的挫折与偶然的倒退,但在整体上现代化是个长期趋势;⑨现代化是进步的过程,现代化的冲击很大,变化很深刻,代价与痛苦也很大,但从长远观点来看,现代化增加了全人类在文化与物质方面的幸福。

伊斯顿是美国政治学家、后行为主义政治学的倡导人、政治系统论的创立者。他的主要著作有《政治系统：政治学现状研究》(1953)、《政治分析的结构》(1965)、《政治生活的系统分析》(1965)等，这三本书后来被称为"政治系统分析三部曲"。他在《政治系统：政治学现状研究》中描述了政治现代化的连续模式，即传统社会通过自我增殖走向现代社会。他把现代化描述成一个"人们习得其政治取向和行为模式的发展过程"。

阿尔蒙德也是美国政治学家，结构-功能主义的创立者，他在《发展中地区的政治》中指出，发达的政治体制是现代社会的特征，不发达的政治体制是传统社会的特征；一切政治体制在文化上都是混合的，传统与现代的成分结合，如福利化、社会阶层流动化、宗教世俗化、教育普及化、知识科学化、信息传播化与人口控制化等等。结构-功能分析在现代化研究的早期非常流行，并对后来的现代化研究产生了很大影响。

（三）关于现代化研究的社会学方向

现代化研究社会学方向的代表性学者主要包括帕森斯、列维和穆尔等，他们也常被称为结构学派。结构学派以阿尔蒙德等创立的结构-功能主义现代化理论为主要特征。他们信奉社会进化论思想，认为现代化是从传统社会向现代社会的转变，现代社会与传统社会之间的根本差别是结构分化、功能专门化与社会整合。他们更加关注现代性与传统性的比较与转变，即重视转变结果而不是转变过程，他们试图从社会、经济、政治、文化与知识等不同角度区分并阐述社会的不同类型或模式。

美国社会学家塔尔科特·帕森斯（Talcott Parsons）是美国哈佛大学著名的社会学学者，美国现代社会学的奠基人，也是二战后美国统整社会学理论的重要思想家，20世纪中期颇负盛名的结构-功能论的典型代表人物。帕森斯的主要著作有《社会行动的结构》

《社会系统》《经济与社会》《关于行动的一般理论》等。他早期的主要理论倾向是建构宏大的社会理论,后期开始探讨从宏观转向较微观层面的理论研究方向。在他的著作《社会行动论》和《现代社会体系》中,帕森斯沿用涂尔干(也译为"迪尔凯姆""杜尔凯姆""杜尔干"等)的传统社会与现代社会的二元分类法,把社会发展过程看成是社会结构的进步性分化与社会功能的专门化,结构的分化程度与功能的成熟性代表了社会发展水平。现代社会与传统社会的基本特征,包括政治、经济、社会、知识与文化等特征,分别构成现代性与传统性。从传统社会的传统性向现代社会现代性的转变,涉及一系列社会结构与功能的根本转变以及社会的整合。帕森斯在《社会行动论》中还提出了社会价值观念体系。他认为,任何社会都存在一套"角色期待",它规定了社会成员所期待充当的社会角色,社会通过奖励与分配系统实现这种角色期待,从而构成社会价值观念体系,它制约与强化了社会成员的行为。社会价值观念体系在社会选择方面有四种类型:①全选-贤选型。价值观念是个人主义与反权威主义,个人可以自由选择目标与手段,个人成绩与能力是选择的主要依据。②全选-亲选型。价值观念是集体主义与权威主义,个人的社会地位不取决于其成绩与能力,个人愿望与成就不受重视,国家被视为达到发展目标的手段。③特选-贤选型。价值观念是集体主义、权威主义与传统主义的结合,个人的等级地位与亲缘关系受到极大重视,个人成就与能力也受到重视。④特选-亲选型。价值观念是传统主义,只有稳定的关系与亲缘关系受到重视,不考虑成就、效率与理性。

美国社会学家列维-斯特劳斯(Levi-Strauss)在《现代化与社会结构》中通过对比的方式分析了现代化的特征,他把现代化社会与非现代化社会在社会结构方面的特点与差别归纳成以下八点:①现代化社会的政治组织、经济组织、教育组织等诸单位的专业化程度高,而非现代化社会的专业化程度则比较低。②在现代化社会中,由于专业化程度比较高,因而诸单位是相互依存的、功能是非自足的;而非现代化社会中亲属群体与近邻共同体的自足性比较强,缺少功能的分化。③在现代化社会中,伦理具有普遍主义性质;而在非现代化社会中,家庭与亲属的社会关系比较紧密,伦理具有个别性。④现代化社会的国家权力是集权但不是专制;非现代化社会的国家权力如同封建制度一样,即便在权力比较分散的情况下,其性质仍然是专制的。⑤现代化社会的社会关系是合理主义、普遍主义、功能有限与感情中立,非现代化社会则是传统的、个别的、功能无限与具有感情色彩的。⑥现代化社会有发达的交换媒介与市场,非现代化社会的交换媒介与市场不发达。⑦现代化社会具有高度发达的科层制组织,非现代化社会即使有科层制组织也是建立在个别关系基础上的。⑧现代化社会的家庭向小型化方向发展,其功能也在缩小,非现代化社会的家庭结构是多样化的,家庭功能是多重的。

B.穆尔(B. Moore)认为,现代化是传统社会向经济富裕与政治稳定社会的总体过渡。他把工业化作为现代化的初始原因。在他看来,现代社会的主要特点有:①具有高水平的技术与受过高度训练的专家、广阔的市场与相互储存的组织结构。②首先是由工业化初期死亡率下降所引起的"人口爆炸",随后是工业化成熟期普及家庭计划,实行人口控制,过渡到低出生—低死亡—老龄型人口结构;亲属群体与家庭功能的缩小与解体,个人主义的进一步加强,妇女地位的提高,社会控制的减弱。③实现了工业化。在价值观念上,由亲属优先(任人唯亲)过渡到业绩优先(任人唯贤);在制度上,建立能够为发展经济而动员土地与资本的可转让的所有制,使劳动力能够自由流动的劳动市场制度与促进流通的商品交换系统;在组织上,建立专业化、金字塔式的科层制组织与合适的国家财政组织;在个人动机上,培养有创造精神的个性、业绩主义志向、向上的积极性、对教育的渴求与活动热情。

(四)关于现代化研究的人文学方向

关于现代化研究的人文学方向主要以英克尔斯、麦克勒兰德(McClelland)等为代表,他们通常也被称为行为学派。行为学派认为现代化过程必然涉及个人心理与行为的改变,如果没有价值观念、心理素质与行为特征等方面从传统型向现代型的转变,人们是难以适应现代化的变化的,现代化也不可能实现。心理学家们强调心理与行为转变在现代化中的重要性。

英格尔斯主张从比较社会学的视角来研究发展中国家和发达国家的现代化过程,强调人的现代化是国家现代化必不可少的因素。英格尔斯提出世界社会学,主张在世界性社会学分析层次上研究世界性的社会现象和社会问题。他认为,在任何社会与任何时代,人都是现代化进程中最基本的因素。只有国民在心理与行为上都发生了转变,形成了现代的人格,现代的政治、经济、科技、教育与文化机构中的工作人员都具有人格的现代性,这个社会才能成为现代社会。他在《走向现代》中指出:"如果一个国家的人民缺乏一种能赋予这些制度以真实生命力的广泛的现代心理基础,如果执行和运用这些现代制度的人,自己还没有从心理、思想、态度和行为方式上经历一个现代化的转变,失败和畸形发展的悲剧结局是不可避免的。""一言以蔽之,那些先进的制度要获得成功、取得预期的效果,必须依赖运用于他们的人的现代人格、现代品质。无论哪个国家,只有她的人民从心理、态度和行为上,都能与各种形式的经济发展同步前进、相互配合,这个国家的现代化才能真正能够得以实现。"[①]他在书中归纳出现代人的九个心理特征:①有接受经验的能力,对革新与变化没有先入之见;②在意向上不

---

① 英克尔斯.人的现代化——心理、思想、态度、行为[M].殷陆君,译.成都:四川人民出版社,1985:4.

仅对直接环境中产生的大量问题,而且对外部产生的大量问题形成并持有自己的观点;③面向目前与未来,而不是迷恋过去;④把计划与组织信念视为处理生活的方式;⑤为促进个人目的与目标的实现而掌握环境,而不是完全为环境需要所操纵;⑥相信世界是可以依赖的,相信可以依赖别人与别的机构来履行或完成义务与职责;⑦懂得别人的尊严,愿意尊重他们;⑧信仰科学与技术;⑨相信分配公正,相信根据社会贡献而不是根据某人与这种贡献无关的奇思怪想或特殊性质来获得报酬。"现代人"有四个特征最重要,它们是:他是参与型公民,并有丰富的知识;他对个人效能抱有充分信心;他在受到传统势力影响时,特别在处理个人事务上作出决策时,有高度的独立性与自主性;他愿意接受新经验与新思想,是头脑开放的人。

在麦克勒兰德看来,一个国家的经济发展与该国的成就动力值相关。他提出的成就动力值,是通过计算儿童和小学生读物与童话故事中有关进取和以获得成就为欲望的主题的出现频率而得出的。他认为,成就动力值较高的社会将造就精力更旺盛的企业家,这些企业家们推动经济更加快速发展,即先进工业国家的经济发展的关键因素是企业家精神。行为调适理论解释了如何使用积极的奖励与消极的惩罚来制约个人的行为模式。价值观念与人格结构决定了人的行为,行为也反过来改变人的价值观念与人格结构;这是相互作用的过程。不同的刺激手段,或鼓励或抑制某种行为方式,导致行为方式的改变,造成或强化形成某种行为方式。社会系统是一个可操作系统,一切人都属于可操作系统的一部分。改变操作中的某些制约因素,就可改变人的行为模式。

(五)关于现代化研究的制度学方向

关于现代化研究的制度学方向代表性人物主要包括 C. E. 布莱克(C. E. Black)和艾森斯塔特(Eisenstadt)等,他们主要从事比较制度或体制研究。

布莱克关于现代化是一个过程的思想在其著作中有大量体现。他在1966年出版的《现代化的动力》中,把现代化分成四个阶段:第一,现代性的挑战。现代观念与制度、现代化拥护者的出现,这一切使社会在传统知识范围内遇到了最初对抗。第二,现代化领导的稳固。权力从传统领袖向现代领袖转移,在此过程中,尖锐的革命斗争通常可达数代人之久。第三,经济与社会的转型。经济增长与社会变迁达到这一程度——社会从以农村与农业为主的生活方式转向以城市与工业为主的生活方式。第四,社会整合。经济与社会转型导致了整个社会基本结构的重组。1979年,布莱克在《比较现代化》中,把现代化进程分成四个阶段,即准备时期、转变时期、高级现代化时期与国际一体化时期。

以色列社会学家艾森斯塔特通过引入文化历史因素和文明比较研究来修正结构-功能主义理论和现代化理论。艾森斯塔特认为,任何社会结构或"制度安排"都不像早期结构-功能主义学者按照社会结构分化水平或有助于社会系统的相关需要所解释的那样是给定的,相反,它是通过具有不同文化取向的社会行动者的互动——某种包括权力与符号要素在内的交换过程——建构的。社会结构的变迁或现代化受各种基本社会力量的影响,如社会文化传统取向、各种精英特征、经济-政治生态环境、与其他文明的碰撞等等。要研究就必须进行比较文明研究,把文化历史因素和比较文明、历史研究引入结构-功能分析和现代化理论之中。他指出,非欧洲社会的变迁或现代化,除了受西方"现代性"的诱发和推动外,还有自己的内在发展逻辑,在很大程度上受特定文明圈内的文化传统的影响;一定文明圈中的文化传统和价值取向,源于该文明核心形成时代,即所谓"轴心时代"的文化精英(或大师)及其思想。如西方文明源于古希腊和古罗马以及早期基督教时代的精英与文化,"儒教"文明源于"孔孟时代"的精英与文化,伊斯兰文明来自穆罕默德传教时代的精英活动与思想,等等。正是这些"轴心时代"文明的延续和推动,才逐步形成了现代的文明圈,并影响着社会的变迁与现代化。现代社会的变迁与现代化是一个以文明圈为界限的多样化选择过程。艾森斯塔特把现代化和比较文明研究同社会学基本理论联系起来,通过对结构与文化之间关系的解释,使社会秩序的建构与变迁的基本社会学理论得到了进一步发展。他认为,社会秩序的建构是社会互动的组织层面与文化层面(潜结构或深层结构)相互交织的结果。社会秩序建构的关键问题是:①如何建构迪尔凯姆(也译为"涂尔干"等)所重视的相互信任、团结和凝聚问题;②如何克服马克思所强调的异化观问题;③如何提供韦伯强调的不同社会活动的意义和合法性问题。"文化眼光"是社会秩序建构和制度动力建构的要素。艾森斯塔特认为,社会秩序的建构是一定张力下的文化模式与劳动分工结合的结果,是具有一定文化取向的行动者选择的结果。社会变迁就是从一种秩序向另一种秩序转变的过程。由于任何社会都存在多元文化和多元载体,因此社会张力的存在和社会变迁是不可避免的。

二、国内文献综述

现代化经济体系是生产力、生产方式和生产关系的协同整体,也是生产力与生产关系良性互动的经济体系。当前中国经济由高速增长阶段转向高质量发展阶段,是遵循经济发展规律的必然结果。建设现代化经济体系是一个系统性工程,也是实现中国式现代化的必由之路。习近平总书记指出:"现代化经济体系,是由社会经济活动各个环节、各个层面、各个领域的相互关系和内在联系构成的一个有机整体。"①他将现代经济体系的基本框架概括为"六

---

① 习近平.决胜全面建成小康社会 夺取新时代中国特色社会主义伟大胜利——在中国共产党第十九次全国代表大会上的报告[M].北京:人民出版社,2017:33.

个体系、一个体制",即创新引领、协同发展的产业体系,统一开放、竞争有序的市场体系,体现效率、促进公平的收入分配体系,彰显优势、协调联动的城乡区域发展体系,资源节约、环境友好的绿色发展体系,多元平衡、安全高效的全面开放体系,充分发挥市场作用、更好发挥政府作用的经济体制。党的十九大正式提出"现代化经济体系"之后,围绕现代化经济体系的内涵、基本特征,建设现代化经济体系的意义、着力点和路径等,学者们已经作出了丰富的理论探讨。

(一)关于现代化经济体系基本内涵的研究

在现有研究中,针对现代化经济体系的主要内涵,已有学者从不同角度进行了阐述。具体来看,现代化经济体系内涵可以归纳为组成部分、有机联系和目标方向三部分,或者说它由产业体系和经济制度两个维度构成;更有学者从现代化进程的角度,将现代化经济体系高度概括为现代化支撑体系和现代化制度保障体系两方面,以及优化经济结构、转化增长动力和国家治理体系三方面。具体包括:

刘志彪(2017)认为"现代化经济体系"的要素包括以下五个方面:一是经济总量和发展速度;二是发展水平和发展质量;三是现代化产业体系和结构;四是现代化空间布局结构和协调程度;五是现代市场经济的体制机制;六是高水平的开放经济体系。[①] 张鹏(2017)认为现代化经济体系是一个综合体,包括产业、体制机制、微观企业行为等方面的内容。王小广(2017)认为现代化体系的内涵就是动力体系、现代产业体系和经济体制。[②] 王东京(2017)则

[①] 刘志彪."现代化经济体系"的要素是什么[J].领导科学,2017(33):21.
[②] 王小广.加快现代化经济体系建设 实现全面强国梦[N].四川日报,2017-11-30(007).

区分了经济体系与产业体系或工业体系等的概念,认为经济体系是由"产业体系、创新体系、协调体系、开放体系、体制机制"等五个子系统构成的一个大系统。① 李佐军(2017)认为现代化经济体系包括发展目标、发展动力和经济主体三大部分;经济主体包括行为主体、产业体系和区域体系;发展动力包括创新、制度和开放等。李娟(2018)则侧重从现代化体制层面理解现代化经济体系的内涵,指出现代化经济体系主要由两个部分构成:一是现代化产业体系,二是社会主义市场经济体制。② 洪银兴(2019)从推动现代化进程的角度将现代化经济体系概括为三个方面:一是优化经济结构的现代化经济体系,包括现代化的产业体系、现代化的城乡区域发展体系以及现代化的绿色发展体系;二是转换增长动力的现代化经济体系,包括现代化的收入分配体系以及现代化的全面开放体系;三是现代化的国家治理体系,包含现代化的市场体系以及现代化的政府调控体系。③ 马艳、李俊、张思扬(2019)从横纵两个方向指出了现代化经济体系的基本内涵,认为:从横向来看,现代化经济体系包含现代化生产体系、现代化交换体系、现代化分配体系和现代化消费体系四个维度;从纵向来看,包含生产、交换、分配、消费所构成的核心逻辑体系、绿色生态体系、开放体系、政策体系四个层次;横纵维度相互交织,共同构成了现代化经济体系的逻辑框架与内涵。徐宁(2019)指出,现代化经济体系一般包括四个维度:一是"主体和要素",二是"结构",三是"机制",四是"环境"。

石建勋、张凯文、李兆玉(2017)从三个层面理解现代化经济体系的内涵:微观层面上,要素现代化是现代化经济体系的基础;中观层面上,产业体系现代化是建设现代化经济体系的主要目标;宏

---

① 王东京.推进现代化经济体系建设的着力点[J].中国经济周刊,2018(4):76-78.
② 李娟.贯彻新发展理念 建设现代化经济体系[J].中共太原市委党校学报,2018(1):22-24.
③ 洪银兴.建设现代化经济体系的内涵和功能研究[J].求是学刊,2019(2):91-98,2.

观层面上,经济体制现代化是建设现代化经济体系的制度保障。①苏剑(2017)认为现代化经济体系就是社会主义市场经济体系,是对社会主义市场经济的完善、发展和创新,比社会主义市场经济的内容更丰富一点。刘伟(2017)认为现代化经济体系是发展、改革、开放的有机统一。丛屹(2017)认为现代化经济体系就是要实现三个转变,即质量转变、效率转变、动力转变。杨秋宝(2017)认为现代化经济体系是具有历史性、世界性的经济体系,是信息化深度融合于其中的经济体系,是集约型、内涵式发展的创新驱动的经济体系,是高度注重绿色发展、生态文明建设的经济体系,是以人民为中心、充分发挥人力资源优势的经济体系。②周绍朋(2018)认为,现代化经济体系,就是与建设社会主义现代化强国的要求相适应的现代产业体系及其运行机制和管理体制。③董伟(2019)认为,现代化经济体系的内涵包括全新发展理念、更高的经济效益以及质量要求、更高的改革和开放水平。④侯为民(2019)认为现代化经济体系是一个具有时代性特征和时空内涵的概念。从历史发展的逻辑看,"现代化"本身是一个发展变化的范畴,因而现代化经济体系必然也是一个具有历史阶段性的范畴。⑤刘戒骄(2019)认为,经济体系不是静止的、简单的系统,而是在动力转换、要素配置和经济体制等因素作用下,不断融入科技、人才和制度等时代元素而进化的复杂系统;而现代化经济体系则是能够响应现代化发展

---

① 石建勋,张凯文,李兆玉.现代化经济体系的科学内涵及建设着力点[J].财经问题研究,2018(2):22-31.

② 杨秋宝.新时代现代化经济体系的特质与测度[J].金融博览,2018(5):38-39.

③ 周绍朋.强国之路:建设现代化经济体系[J].国家行政学院学报,2018(5):51-56,188.

④ 董伟.关于建设现代化经济体系与高质量发展的思考[J].中国商论,2019(21):6-7.

⑤ 侯为民.现代化经济体系的理论指向与时代内涵[J].东北财经大学学报,2019(3):10-17.

要求并及时吸纳生产力发展和生产关系变革成果的经济体系。①吴伟萍（2019）认为，体现高质量发展要求的现代化经济体系是以创新为主要动力、以高端高质高新产业体系为支撑、以高效经济体制为保障的可持续发展经济体系，是经济创新力持续增强、经济结构持续优化、全要素生产率持续提高的经济体系。②周文（2019）对比中西方的现代化，从理论角度来界定现代化经济体系，认为现代化经济体系超越现代西方经济学理论且不同于西方现代化经济体系，是生产力与生产关系良性互动的经济体系，也是国家治理体系现代化的经济体系。③郭瑞萍、张愿娟（2019）从马克思主义的理论逻辑出发，依照世界现代化的一般规律和我国的具体国情，指出："现代化经济体系是现代化了的经济体系，是现代化了的产业发展体系和现代化了的经济制度和体制。"④韩保江（2020）认为，现代化经济体系是创新驱动的经济体系，是协调发展的经济体系，是绿色低碳的经济体系，是日益开放的经济体系，也是共商共建共享的经济体系。党兴华等（2020）在阐述陕西现代化经济体系建设的背景、意义及指导思想的基础上，分析了陕西经济体系的现状和现代化经济体系建设的现实基础，探讨了陕西现代化经济体系的构成及特征；重点对处在历史机遇期的陕西提出了"六大体系"和"一个体制"的现代化经济体系建设的建设重点和具体方案；通过改造现有的经济体系，以新发展理念指导构建现代化经济体系，实

---

① 刘戒骄.论建设现代化经济体系的三个关键点[J].辽宁大学学报（哲学社会科学版），2019（1）：47-53.

② 吴伟萍.加快构建现代化经济体系　打造高质量发展先行典范[N].深圳特区报，2019-11-05（B05）.

③ 周文.建设现代化经济体系的几个重要理论问题[J].经济研究参考，2019（22）：92-104.

④ 郭瑞萍，王甜甜.我国"现代化经济体系"形成的历史逻辑[J].理论导刊，2019（7）：87-91.

现陕西经济从高速增长阶段向高质量发展阶段的转换。① 高培勇（2019）从理论上讨论了建设现代化经济体系的微观基础、增长模式、空间布局、宏观调控、公共政策、制度体系等。②

综上所述，学界对现代化经济体系内涵的研究可以归纳为三个方面：一是将其放在新时代我国社会主要矛盾的转化背景下，逐条或部分阐释习近平总书记对现代化经济体系的相关论述；二是对现代化经济体系的内在逻辑进行归纳阐释；三是考察构成现代化经济体系的相关概念，即"现代化""体系""经济体系"，以理解其内涵。③

（二）关于建设现代化经济体系意义的研究

2017年习近平总书记指出，在新的历史时期，建设现代化经济体系的战略意义是实现"两个一百年"奋斗目标、实现中华民族伟大复兴的中国梦，不断提高人民生活水平。2018年习近平总书记在中央政治局集体学习中指出："建设现代化经济体系，这是党中央从党和国家事业全局出发，着眼于实现'两个一百年'奋斗目标、顺应中国特色社会主义进入新时代的新要求作出的重大决策部署。国家强，经济体系必须强。只有形成现代化经济体系，才能更好顺应现代化发展潮流和赢得国际竞争主动，也才能为其他领域现代化提供有力支撑。"④ 国内关于建设现代化经济体系的意义的研究包括如下内容。

---

① 党兴华,吴艳霞,薛伟贤,等.现代化经济体系建设研究——基于陕西的实证[M].北京:经济管理出版社,2020.

② 高培勇.现代化经济体系建设理论大纲[M].北京:人民出版社,2019.

③ 韩保江.推进国家经济治理体系和治理能力现代化[J].社会主义论坛,2020(2):22-24.

④ 习近平.深刻认识建设现代化经济体系重要性 推动我国经济发展焕发新活力迈上新台阶[N].人民日报,2018-02-01.

简新华(2017)认为,建设现代化经济体系有利于更好解决新时代中国社会主要矛盾,有利于促进经济发展方式转变、优化产业结构、深化供给侧结构改革。① 何立峰(2017)指出,建设现代化经济体系是实现新征程新目标的必由之路,是应对中国社会主要矛盾变化的迫切需要,是适应经济发展新特征新要求的主动选择。毕监武(2017)认为,建设现代化经济体系有利于解决新时代发展不平衡不充分的主要矛盾,进而促进中国发展从速度向质量变革,加快推进人类命运共同体的构建。② 迟福林(2017)认为,现代化经济体系的建立在推进中国经济发展转型升级的同时,也让中国对全球经济复苏贡献着越来越大的力量。王军(2017)指出,通过建设现代化经济体系,中国经济将深度融入世界经济,一个全面开放的中国将对全球市场和制造业格局产生更加深远的影响。宁吉喆(2017)认为,建设现代化经济体系是开启全面建设社会主义现代化国家新征程的重大任务,是紧扣中国社会主要矛盾转化推进经济建设的客观要求,是适应中国经济由高速增长阶段转向高质量发展阶段的必然要求。③ 李杰(2017)认为,建设现代化经济体系体现了新时代坚持和发展中国特色社会主义的新要求:一是充分体现了新时代中国经济建设和改革的新要求;二是充分体现了新时代统筹国内国际两个大局的新要求;三是充分体现了新时代经济发展转型升级、实现"两个一百年"奋斗目标的新要求;四是充分体现"以人民为中心"的社会主义价值取向。建设现代化经济体系是决胜全面建成小康社会、建设社会主义现代化强国的必由之

---

① 简新华.新时代现代化经济体系建设几个关键问题[J].人民论坛·学术前沿,2018(2):14-20.

② 毕监武.读懂主要矛盾 建设现代化经济体系[N].青岛日报,2017-10-29(006).

③ 宁吉喆.深入学习贯彻党的十九大精神 加快推进现代化经济体系建设[J].宏观经济管理,2017(12):4-13.

路。简新华(2018)将建设现代化经济体系的现实意义概括为三个方面:第一,建设现代化经济体系是解决新时代中国社会主要矛盾的必要条件;第二,建设现代化经济体系是建成社会主义现代化强国的战略目标;第三,建设现代化经济体系是转方式、优结构的迫切要求。① 林木西(2018)认为,建设现代化经济体系有重要的战略意义:一是建设新体系是跨越关口的迫切要求和我国发展的战略目标;二是提高质量和效益将成为未来经济发展的主旋律;三是提高全要素生产率将成为未来经济发展的关键;四是新体系是不断增强我国经济创新力和竞争力的制度保障。丁晋清(2018)着眼于新发展理念,认为建设现代化经济体系是全面深化改革的内在要求、全面建成小康社会的目标要求、发展新时代中国特色社会主义的实践要求和维护国家经济安全的必然要求。② 康达华(2018)认为,建设现代化经济体系是应对新时代中国社会主要矛盾变化的重要举措、中国特色社会主义制度优越性的集中体现、实现经济高质量发展的内在要求、新形势下经济建设的主攻方向。③ 文魁(2019)指出建设现代化经济体系的一个重要意义,就是以一个完整、有效的经济体系为高质量发展提供保障。④ 丁文锋(2019)认为,建设现代化经济体系意义重大,它居于新时代中国特色社会主义建设重大部署之首,是适应中国特色社会主义进入新时代的客观要求,是新时代中国经济跨越关口走向更高水平的必由之路,也是发展实体经济、落实创新驱动发展战略、加快完善社会主义市场

---

① 简新华.新时代现代化经济体系建设几个关键问题[J].人民论坛·学术前沿,2018(02):14-20.

② 丁晋清.建设现代化经济体系的着力点和实践路径[N].深圳特区报,2018-10-16(B09).

③ 康达华.建设现代化经济体系的重要意义、全新布局与广州路径[J].经济师,2018(6):157-158,160.

④ 文魁.建设现代化经济体系是一篇大文章[N].经济日报,2019-04-08(012).

经济体制的迫切需要,更是遵循经济现代化发展规律的必然要求。① 蒋小凤(2019)认为新时代背景下建设现代化经济体系的意义重大。从新的历史方位来看,建设现代化经济体系是实现社会主义现代化强国的"物质基础";从当前经济发展背景来看,建设现代化经济体系是适应、把握引领新常态的"总枢纽";从国内新的社会主要矛盾来看,建设现代化经济体系是破解当前矛盾的"金钥匙";从国际竞争来看,建设现代化经济体系是屹立于世界民族之林的"根本保障"。② 张军果(2019)指出,建设现代化经济体系是顺应新时代社会矛盾变化的必然选择,是应对国际经济格局深刻调整的现实考量,是助推经济爬坡过坎的迫切需要,是建设社会主义现代化强国的内在要求,在新时代具有重要的现实意义与价值。③ 李晓琳、杨广青(2019)认为构建现代化经济体系是我国适应国际竞争新局势的战略需要,在推进经济增长动力转换、加强全球价值链深度融合等方面起到至关重要的作用。④ 董伟(2019)认为,建设现代化经济体系是我国实现民族伟大复兴梦的第一步,同时也是极为关键的一步,只有有效地建立起完善且适用的现代化经济体系,才能保证我国的整体经济水平得到快速提升,进而促进我国进一步发展。⑤ 郭威等(2019)从现代化经济体系的战略目标角度指出,建设现代化经济体系是紧扣新时代矛盾变化、解决发展不平衡不充分问题的内在要求,是营造经济新动能成长环境、推动

---

① 丁文锋."建设现代化经济体系"解析[N].郑州日报,2019-01-04(010).
② 蒋小凤.贯彻新发展理念 建设现代化经济体系[J].中国集体经济,2019(8):18-19.
③ 张军果.充分认清建设现代化经济体系的时代价值[J].唯实,2018(10):54-57.
④ 李晓琳,杨广青.多维度协同建设福建省现代化经济体系[J].发展研究,2019(9):75-80.
⑤ 董伟.关于建设现代化经济体系与高质量发展的思考[J].中国商论,2019(21):6-7.

经济高质量发展的迫切需要,是适应国际新形势竞争要求、形成全面开放经济格局的主动选择。① 罗浩准(2019)认为,建设现代化经济体系是我国解决新时代下的社会主要矛盾的重要途径,是我国实现"2050年建设成为富强民主文明和谐美丽的社会主义现代化强国"的重要基石,也是我国能否实现社会主义现代化建设中不可或缺的重要环节。②

(三)关于现代化经济体系基本特征的研究

在解读现代化经济体系科学内涵的基础上,部分学者开始梳理其逻辑框架,试图通过经济学基本逻辑,对现代化经济体系的框架结构进行系统、动态、立体的剖析,认为可以将逻辑框架分为横向和纵向两个维度。横向包括现代化生产体系、交换体系、分配体系和消费体系,纵向包括核心逻辑体系、绿色生态体系、开放体系和政策体系。关于现代化经济体系基本特征及性质的研究,主要包括以下内容。

张占斌、戚克维(2018)从现代化经济体系的基本框架剖析出八个主要特征,即更高质量的经济发展、适度合理的经济增速、良好的市场经济体制、更高效益的经济水平、更高水平的城乡融合、更开放的全球分工、协同发展的产业体系、更加协调的区域发展。③李跃(2018)从建设社会主义现代化强国总目标对经济建设的根本要求、中国特色社会主义经济建设的外部环境以及现代化经济体系的科学内涵等方面认为,现代化经济体系具有整体性、关联性、协同性三大基本特征。魏杰、汪浩(2018)站在现代化建设的三个

---

① 郭威,杨弘业,李明浩.以供给侧结构性改革为主线建设现代化经济体系的路径选择[J].经济研究参考,2019(14):112-115.
② 罗浩准.新时代背景下的现代化经济体系建设[J].知识经济,2019(28):80-81.
③ 张占斌,戚克维.从社会主要矛盾变化看我国现代化经济体系建设[J].理论探索,2018(3):19-25.

阶段性目标的视角,指出了现代化经济体系的基本特征:现代化经济体系反映了全体人民的愿望与要求、有效推进人类社会的第四次工业化,注重区域和城乡的协调发展,推动生态文明建设,实现创新驱动增长,体现了现代化意识,具有包容性与开放性。① 姜涛(2018)认为,现代化经济体系的主要特征包括:第一,基本原则是质量第一、效益优先;第二,建设路径是推动经济发展质量变革、效率变革、动力变革,提高全要素生产率;第三,产业体系要求实体经济、科技创新、现代金融、人力资源协同发展;第四,经济体制要求市场机制有效、微观主体有活力、宏观调控有度;第五,发展目标是不断增强我国经济创新力和竞争力。王保忠、李忠民(2018)认为,现代化经济体系有其基本特征,它是以人民为中心的社会主义现代化,知识创新成为主要任务,信息化成为经济发展的重要手段,产业结构出现质的变化,城乡经济和区域经济更加协调,虚拟经济与实体经济协调发展,开放发展和绿色发展呈现新的高度。② 沈开艳等(2018)基于国际比较的视角,将现代化经济体系的特征总结成以下五个方面:以高质量发展为根本、以创新驱动为引领、以平衡协调为支撑、以开放合作为导向、以绿色节能为使命。③ 吴俊杰(2018)认为,现代化经济体系主要特征表现在三个方面:一是技术创新作为引领经济发展的第一动力贯穿于经济体系的各个领域,二是发挥价值规律作用的经济运行机制,三是经济发展必须具有协调性、整体性、系统性。④ 张翼(2018)指出,现代化经济体系的

---

① 魏杰,汪浩.转型之路:新旧动能转换与高质量发展[J].国家治理,2018(21):31-38.

② 王保忠,李忠民.试论中国特色社会主义现代化经济体系[J].《资本论》研究,2020(1):68-82.

③ 沈开艳,李双金,张晓娣,等.基于国际比较的现代化经济体系特征研究[J].上海经济研究,2018(10):34-42.

④ 吴俊杰.论现代化经济体系:一个整体性视角[J].宏观经济管理,2018(12):19-25.

主要特征在于它代表先进生产力发展方向,是技术先进的经济体系,是充分体现创新、协调、绿色、开放、共享新发展理念的经济体系。王伟光、李腾(2019)对比现代化经济体系与旧的经济体系在结构层次、作用基点、影响效应、管理模式、演化动力、内在机理差异,在此基础上概括出了现代化经济体系的四个基本特征:现代化经济体系体现着协同共生思想,现代化经济体系强调开放共享模式,现代化经济体系具备动态调整能力,现代化经济体系更加强调经济体系运行过程中的协同性、开放性和动态性。① 余新培(2019)认为,经济体系是一个复杂的、动态的系统,由很多子系统构成,具有安全性、质量性和福利性三个特征。② 齐晶晶(2019)在总结其他学者研究成果的基础上,系统剖析了现代化经济体系的内涵,并指出现代化经济体系具体整体性、动态性、开放性、协调性和复杂性五个特征。③ 王辉耀(2017)认为现代化经济体系的实现有六个特征:更高效益的经济水平和经济增速、更高质量的经济增长方式、更平衡的区域和城乡发展格局、更完善的市场经济体制、更全面的对外开放和更完善的现代化产业体系及空间布局结构和协调程度。贾华强(2019)认为现代化经济体系的特征体现在质量第一、效益优先、体制优化和国际融合四个原则当中。④ 高培勇(2019)等学者认为,可将现代化经济体系建设过程视作经济体系转换的过程,具体包括社会主要矛盾、资源配置方式、产业体系和

---

① 王伟光,李腾.体系化创新与现代化经济体系发展[J].辽宁大学学报(哲学社会科学版),2019(1):39-46.

② 余新培.现代化经济体系建设中应处理好的几对关系[J].企业经济,2019(9):140-145.

③ 齐晶晶.产业绿色创新系统演化对现代化经济体系的推动机制[J].科学与管理,2019(4):17-22.

④ 贾华强.实现更高质量发展的"四个必须"[J].国家治理,2018(5):18-26.

增长阶段四方面的转向,以及四个转向对应的四个机制。① 此外,刘志彪(2018)提出了要坚持质量第一、效率优先方针,构建了涵盖产业体系、市场体系、分配体系、区域发展体系、绿色发展体系、开放体系以及相应经济体制的现代化经济体系基本框架。②

(四)关于现代化经济体系量化评价的研究

通过对现代化经济体系的基本特征及性质进行梳理,部分学者提出了如何评价经济体系的现代化水平的问题。其中关于现代化经济体系的量化评价的理论研究部分包括以下内容。

赵昌文(2018)指出,现代化经济体系的判断标准为:更加科学高效的发展方式,更加合理优化的经济结构,更具创新导向的增长动力,更加健全完善的宏观管理。③ 李伟(2017)从效率、质量、平稳和可持续四个方向提出了评价标准。贾华强(2018)基于可量化的原则,从现代化经济体系建设中的价值形态和使用价值形态两个角度,提出了衡量现代化经济体系是否完善的一般公式,即当新经济体系建设中现代化企业在全部企业结构中利润率的边际变化大于零、新经济体系建设中现代化企业数量在全部企业结构中的边际变化大于零和人均自然物质资源货币存量的变化率大于零时,即可认为现代化经济体系的建设趋于完善。④ 张俊山(2018)也提出,经济体系的现代化,包含技术现代化与结构现代化两方面内容。高汝仕(2018)从经济高质量发展的角度指出,供给体系和

---

① 高培勇,杜创,刘霞辉,等.高质量发展背景下的现代化经济体系建设:一个逻辑框架[J].经济研究,2019(4).

② 刘志彪.建设现代化经济体系:新时代经济建设的总纲领[J].山东大学学报(哲学社会科学版),2018(1):1-6.

③ 赵昌文,朱鸿鸣.如何理解现代化经济体系[J].紫光阁,2018(3):25-27.

④ 贾华强.实现更高质量发展的"四个必须"[J].国家治理,2018(5):18-26.

实体经济的质量是现代化经济体系是否成功的根本标志。① 余新培(2019)认为,在评价现代化经济体系建设是否达到标准时,不应只看是否与世界上先进的经济体系一致,而更应看是否有利于我国的社会主义现代化强国建设。也就是说,经济体系有其自然属性、技术属性,在我国现代化经济体系建设中应该注意借鉴、吸收世界上先进经济体系的长处。同时,必须牢记经济体系还有社会主义根本制度属性,在建设中必须坚持中国特色社会主义的基本路线。李欢(2019)指出,在探索建设现代化经济体系时,衡量原则不再是以经济指标的增长为最终目标,而是需要以民生为先,以百姓的幸福感为首要目标。②

(五)关于现代化经济体系的建设路径的研究

建设现代化经济体系,基本要求是坚持质量第一、效益优先;重点任务是深化供给侧结构性改革,以实体经济发展作为发展经济的着力点;战略支撑是实施创新驱动发展战略,加快建设创新型国家;制度保障是加快完善社会主义市场经济体制,进一步使市场在资源配置中起决定性作用和更好发挥政府作用。具体来说有以下六个方面的主要举措和途径:一是深化供给侧结构性改革,二是加快建设创新型国家,三是实施乡村振兴战略,四是实施区域协调发展战略,五是加快完善社会主义市场经济体制,六是推动形成全面开放新格局。高质量发展的经济体系需要企业生产方式持续创新,加快产业结构升级、提高创新能力是中国实体经济高质量发展的前进方向,同时也是建设现代化经济体系的根本途径。结合中国改革开放以来经济发展取得的重大成就,现在推进现代化经济体系建设已有

---

① 高汝仕.论建设现代化经济体系的核心特征[J].中共四川省委党校学报,2018(4):44-50.

② 李欢.新旧动能转换视角下现代化经济体系建设研究——基于湖北省的经济现状观察[J].现代商贸工业,2019(31):1-2.

诸多有利条件,但在经济增速放缓的大背景下也要克服一些困难和瓶颈制约。因此,如何建设现代化经济体系、应该选择怎样的实现路径、提出怎样的对策建议,已经成为部分学者关注的重点。

黄群慧(2018)指出,建设现代化经济体系要从产品、企业和产业三方面入手提高实体经济供给质量,形成工业和服务业相互融合的关系,加快实体经济体与现代金融协同发展;①杨瑞龙(2018)认为同时还要正确处理好市场与政府的关系,充分发挥市场机制作用;②此外,要加快新旧动能转换,深化机制体制改革,推进集群建设,激发经济活力(盛朝迅,2020)。针对现代化经济体系下的城乡区域协调发展,有学者指出应以人民为中心的发展思想,构建优势互补、协调联动的现代化城乡区域发展体系,促进农业和非农业现代化发展,推动城乡居民福利均等化进程(王琼,2018;王红霞,2020)。荆文君和孙宝文(2019)认为数字经济的发展可以促进经济增长,为现代化经济体系在匹配机制和创新激励方面提供更好的帮助。③还有学者认为可以通过科技成果转移来强化与实体经济的融合,由此提出建设现代化经济体系的实现路径(方茜,2019)。辜胜阻(2017)认为,一要重视实体经济发展,切实提高经济发展质量和效益,为构建现代化经济体系强本固基;二要全面实施创新驱动发展战略,建设创新型国家,为构建现代化经济体系提供动力支撑;三要加快形成现代农业产业体系、生产体系、经营体系,为构建现代化经济体系夯实"三农"基础;四要完善区域发展机制,促进区域协调、协同、共同发展,为构建现代化经济体系空间布局结构提供路径指引,保障均衡发展;五要完善社会主义市场经济

---

① 黄群慧.浅论建设现代化经济体系[J].经济与管理,2018(1).
② 杨瑞龙.建立现代化经济体系必须处理好政府与市场之间的关系[J].经济理论与经济管理,2018(1).
③ 荆文君,孙宝文.数字经济促进经济高质量发展:一个理论分析框架[J].经济学家,2019(2).

体制，发挥市场"无形之手"和政府"有形之手"的"双手"协同作用，为构建现代化经济体系提供制度保障；六要实行更加积极主动的对外开放战略，推动形成全面开放新格局，为构建现代化经济体系建立自我强化机制。① 刘勇（2017）认为，发挥开发性金融作用能更好服务现代化经济体系；创新建立现代化经济体系，需要全面深化供给侧结构性改革，着力彰显发展的公平和效率。蒋永穆（2017）认为，坚持以人民为中心的发展、坚持正确处理实体经济与虚拟经济的关系、坚持正确处理政府与市场的关系、坚持以创新引领经济发展、坚持开放发展的基本战略是建设现代化经济体系必须坚持的基本取向。② 王一鸣（2017）认为，建设现代化经济体系必须把发展经济的着力点放在实体经济上，把提高供给体系质量作为主攻方向，必须着力加快建设实体经济、科技创新、现代金融、人力资源协同发展的产业体系。何自力、乔晓楠（2017）认为建设现代化经济体系的目的是解决新时代我国社会主要矛盾，根本任务是实现由数量型增长转变为质量型增长，着力点是强化实体经济，制度保证是完善的社会主义市场经济体制。张占斌和孙飞（2017）认为现代化经济体系建设应该遵循三个原则：一是以新发展理念引领现代化经济体系建设；二是坚持质量第一、效益优先；三是坚持社会主义市场经济改革方向，使市场在资源配置中起决定性作用，更好发挥政府的作用。③ 许光建和孙伟（2017）提出建设现代化经济体系需要处理好四个关系，即政府和市场的关系、推进"放管服"改革与完善市场经济体制的关系、深化供给侧结构性

---

① 辜胜阻.供给侧结构性改革是现代化经济体系的主线[N].团结报，2018-01-20(002).

② 蒋永穆.建设现代化经济体系必须坚持的基本取向[J].马克思主义研究，2017(12):29-33.

③ 张占斌，孙飞.建设现代化经济体系 引领经济发展新时代[J].中国党政干部论坛，2017(12):27-31.

改革与破除体制机制障碍的关系和推进农业农村现代化与深化制度改革的关系。张辉(2018)提出要以创新引领发展方向,加快推进产业结构优化升级,坚持和完善要素市场改革,践行绿色发展理念,促进经济发展在空间上的均衡布局,从而推动现代化经济体系的建设。马一德(2018)认为,建设现代化经济体系关键是构建新时代技术创新体系。① 张涵和丛松日(2018)提出,建设现代化经济体系必须着眼于供给侧结构性改革这条主线,深入推进"三去一降一补",实施积极有效的产业政策,提供有效制度供给;以纠正供需错配,提高供给质量,实现供需动态平衡,为构建现代化经济体系注入强劲动力。② 沈文玮(2018)认为,推进我国现代化经济体系建设要着力从深化供给侧结构性改革、加快实施创新驱动战略、推进高质量就业、实施城乡区域协调发展和乡村振兴战略、坚持共享发展等方面共同发力。③ 刘志彪(2018)认为,建设现代化经济体系的基本路径主要在于深化供给侧结构性改革、建设创新型国家、实施乡村振兴战略、促进区域协调发展、完善社会主义市场经济体制和加快推进全面开放等六个方面。④ 盛毅和王玉林(2018)认为,建设现代化经济体系需要从加快构建技术和知识创新体系、选择优势产业突破带动整体升级、分类指导各区域建设现代化经济体系、促进人力资源与经济体系升级相适应、通过扩大开放引进先进产业和人才、制定建设现代化经济体系的规划和举措六个方

---

① 马一德.建设现代化经济体系关键是构建新时代技术创新体系[J].红旗文稿,2018(4):23-25.

② 张涵,丛松日.供给侧结构性改革是建设现代化经济体系的主线[J].长沙大学学报,2018(6):7-10.

③ 沈文玮.现代化经济体系建设的主要路径[J].经济研究参考,2018(24):13-15.

④ 刘志彪.建设现代化经济体系:基本框架路径和方略[J].经济理论与经济管理,2018(2):5-8.

面重点推进。① 张俊山(2018)认为,现代化经济体系是以实体经济为中心、建立在最新科技成果的应用基础之上、以质量第一为评价标准,并有着与之相适应的社会主义消费方式,强调现代化经济体系建设必须坚持新发展理念的指导,坚持在党的领导下走自主创新发展的社会主义道路。余贤群和李煜(2018)从战略导向、实践导向、理念导向三个维度指出,建设现代化经济体系应与国家发展的战略目标、我国生产力发展阶段、新发展理念紧密相连。② 傅丽芬(2018)指出协同产业体系的构建是建设现代化经济体系的基础,正确处理实体经济、科技创新、现代金融、人力资源四个要素之间的关系有利于加快现代化经济体系的建设。③ 黄桂田(2018)认为建立中国特色社会主义市场经济体系,要正确处理政府与市场的关系,为此需要厘清理论逻辑与中国实际、量变与质变之间的关系。吴燕妮(2019)认为,金融业是未来建立高质量的现代化经济体系不可或缺的支撑,建设现代化经济体系,需要创新金融监管机制。④ 郑元(2019)认为建设现代化经济体系作为经济建设领域当前阶段的核心工作,必须坚定不移地贯彻创新、协调、绿色、开放、共享新发展理念;提出建设现代化经济体系需以完善社会主义市场经济体制为前提,以深化供给侧结构性改革为主线,以发展实体经济为支撑等为重点工作。⑤ 施惠玲(2019)认为,健全和规范现代化经济体系的主体秩序和交易秩序,对推动现代化经济体系的

---

① 盛毅,王玉林.建设具有中国特色的现代化经济体系[J].经济研究参考,2018(12):10-11.

② 余贤群,李煜.抓住现代化经济体系建设的突出矛盾[J].保险理论与实践,2018(6):31-39.

③ 傅丽芬.现代化经济体系的基础:四者协同产业体系的构建[J].北华大学学报(社会科学版),2018(1):116-121.

④ 黄桂田.正确处理政府与市场的关系,建立有中国特色社会主义市场经济体系[J].政治经济学评论,2018(1):32-35.

⑤ 郑元.贯彻新发展理念 建设现代化经济体系[J].科技经济导刊,2019(32):233.

建设至关重要。董伟(2019)认为,将提高供给体系质量、以实体经济为主攻方向、以经济发展的着眼点立足创新是建设现代化经济体系一条可行路径。① 钟荣丙(2019)认为,建设现代化经济体系,必须将发展的重心放到发展实体经济上来,必须在更广范围培育科技型中小企业,必须更大幅度降低实体经济发展成本。② 李晓琳和杨广青(2019)以福建省为例,认为构建现代化经济体系,需要从着力经济转型、构建融合发展的现代产业体系,立足乡村振兴、建立共同发展的城乡区域体系,深化山海协作、推进协同发展的区域协调体系,加快动能转换、培育引领发展的创新联盟体系,提升对外开放、营造共赢发展的经济开放体系,深化体制改革、完善现代发展的市场经济体制等六个方面重点建设。③ 施文甫(2019)认为,建设现代化经济体系,要以新发展理念为指导、以完善社会主义市场经济体制为前提、以提高实体经济供给质量为着力点。④ 余新培(2019)认为,处理好中央政府与地方政府关系、安全性与效率性的关系、实体经济与虚拟经济关系以及政府与市场关系是建设现代化经济体系的必由之路。⑤ 吴伟萍(2019)认为,建设现代化经济体系要以创新驱动为引擎,着力建设综合性国家科学中心和国际科技创新中心;以战略性新兴产业为先导,着力构建高端高质高新的现代产业体系;以高质量发展的体制机制创新为突破口,着

---

① 董伟.关于建设现代化经济体系与高质量发展的思考[J].中国商论,2019(21):6-7.

② 钟荣丙.城市群区域现代化经济体系的构成和评价研究[J].中共石家庄市委党校学报,2019(11):25-32,42.

③ 李晓琳,杨广青.多维度协同建设福建省现代化经济体系[J].发展研究,2019(9):75-80.

④ 施文甫.浅谈对建设现代化经济体系的几点认识[N].贵州政协报,2019-10-31(A03).

⑤ 余新培.现代化经济体系建设中应处理好的几对关系[J].企业经济,2019(9):140-145.

力全面深化改革开放;以"双区"建设为引领,着力发挥示范带动和区域协同"乘数效应"。① 付文飙等(2019)认为现代化经济体系的建设要综合发力,发挥品牌、科技创新、营商环境等的作用,实现转型升级和高质量发展。② 丁文锋(2019)认为"现代化经济体系"是"经济体系现代化"的静态描述和一定时空条件下的目标形态。因此,建设"现代化经济体系"之道,就是尊重和遵循"经济体系现代化"的规律性。就我们中国当代来讲,要重视工业化与信息化同步、商品化与市场化同步、城市化与国际化同步,重视"新型工业化、信息化、城镇化、农业现代化"同步发展,重视信息化在当代现代化中的地位和作用。③ 周旭霞(2020)以杭州市为例,从民营经济的角度,认为构建具有中国特色的现代化经济体系,从根本上来说,就是要立足社会主义初级阶段国情,充分发挥民营经济这一最大的特色和优势,大力提升民营经济发展水平,建立具有国际竞争力的创新驱动发展机制,坚定不移引导民营实体经济发展。

(六)关于现代化经济体系的实证研究

在构建现代化经济体系评价指标体系之前,学者们对衡量现代化标准体系的各项指标的思路、维度、方法展开了大量的研究并取得了丰硕的成果,为本书经济体系现代化指标体系的构建提供了重要参考。

在"现代化经济体系"概念正式提出之前,国内已经有许多学者对如何评价经济结构和经济发展质量等进行了一系列的实证研究。基于现代化经济体系的理论分析,部分文献针对现代化经济

---

① 吴伟萍.加快构建现代化经济体系 打造高质量发展先行典范[N].深圳特区报,2019-11-05(B05).

② 付文飙,赵平,苏国锋,等.现代化经济体系需要中国自主品牌的有力支撑[J].人民论坛,2019(33):38-39.

③ 丁文锋."建设现代化经济体系"解析[N].郑州日报,2019-01-04(010).

体系展开的实证研究主要关注点在全要素生产率:完善现代化经济体系可以对提升全要素生产率、提高经济发展质量产生推动作用(贺晓宇和沈坤荣,2018);产业结构服务化发展可以促进全要素生产率的提高,尤其在发达地区效果更为显著(张月友等,2018)。有学者以京津冀地区和东北三省(辽宁、吉林、黑龙江)为例,研究现代化经济体系布局与发展现状(龚轶和王峥,2018;龚轶等,2019;苏屹等,2019a、2019b);还有学者依据党的十九大精神初步构建了现代化经济体系的指标体系,测算了2020年各地区的体系建设情况,发现不同地域差异显著。① 孟东方等(2009)从发展度、协调度、持续度、和谐度和幸福度五个方面构建了一个科学发展指数。② 赵彦云(2011)设计了绿色经济测试体系。谢春和李健(2011)系统构建了由经济发展、创新环境、技术进步、结构变动、综合效益、资源利用、绿色制造和人力资源8个大类、37个指标组成中国特色新型工业化评价指标体系并进行了实证研究。③ 齐心等(2013)提出了由生态自然建设、生态经济建设、生态社会建设、生态政治建设、生态文化建设等五方面组成的衡量城市生态文明建设水平的指标体系并进行了实证研究。④ 易昌良(2016)在标杆分析法的基础上,编制形成了以五大理念核心内容为评价体系的发展指数报告。上海社会科学院(2016)发布了2015年国家和省级区域五大发展理念综合指数及创新发展指数、协调发展指数、绿色

---

① 张燕生,梁婧姝.现代化经济体系的指标体系研究[J].宏观经济管理,2019(4):17-24.

② 孟东方,朱勋春,龚丽等.科学发展指数评估体系的构建及其现实应用[J].改革,2009(11):50-62.

③ 谢春,李健.我国新型工业化指标体系构建及评价方法[J].财经理论与实践,2011(4):114-118.

④ 齐心,张佰瑞,赵继敏.北京世界城市指标体系的构建与测评[J].城市发展研究,2011(4):1-7.

发展指数、开放发展指数和共享发展指数。邹一南和赵俊豪(2017)从创新发展、协调发展、绿色发展、开放发展、共享发展五方面,构建了中国经济发展方式转变的指标体系,并综合利用德尔菲法和熵值法,对"十一五"至"十二五"期间经济发展方式的转变程度进行了测算。[①] 更多的相关文献与经济增长或发展质量内涵相关,如狭义的视角(王积业,2000)认为经济增长质量即经济增长效率,经济增长要不断提高资源的利用效率;广义角度(Barro,2002;刘树成,2007;李永友,2008;钞小静等,2011;李娟伟等,2014;广东省统计局课题组,2014;张军超等,2016)认为经济增长质量包含与经济增长数量紧密相关的社会、文化、生态等各方面的因素,如效率、稳定性、经济结构、科技进步、生态环境、民生福利、国民素质等。杨新洪(2017)构建了"五大发展理念"统计评价指标体系,并对深圳市进行了实证分析,但目前尚未构建完整相关指标体系并做实证研究。[②] 姜玉山和朱孔来(2002)从经济现代化、社会发展现代化、科技现代化、城市现代化等维度,确立了27个衡量现代化的指标,并运用鉴别力分析、相关分析及主成分分析等方法对各个预选指标的可行性进行量化判断,科学地提出了一套衡量现代化的指标体系。郭冰阳(2005)用动态筛选指标的方法构建了我国农业现代化评价指标体系。孙丽冬和陈耀辉(2008)从对外贸易、对外金融、对外经济合作、对外投资、国际旅游5个一级指标入手,结合层次分析法和主成分分析法,建立最优组合赋权模型,进行了对外开放度的综合评价。叶依常和黄明凤(2011)在构建低碳经济发展指标体系的基础上,运用因子分析法提取出经济环境因子、技术因子和自然禀赋因子,利用3个因子的贡献率作为低碳经济发

[①] 邹一南,赵俊豪.中国经济发展方式转变指标体系的构建与测度[J].统计与决策,2017(23):36-39.

[②] 杨新洪."五大发展理念"统计评价指标体系构建——以深圳市为例[J].调研世界,2017(7):3-7.

展水平综合得分的权重,计算出低碳经济发展水平的综合得分并对我国的低碳经济发展进行了实证研究。仲晓东(2011)从定量分析和定性分析两个方面建立了一套指标体系对地区经济国际化进行了评价及实证研究。阳玉香(2012)将因子分析法和层次分析法相结合,综合评价了我国30个省份的低碳经济发展水平,认为我国低碳经济发展趋同于整体经济发展状况,大致呈现东、中、西阶梯状分布,东部沿海省份的发展状况好于中部,西部省份靠后。刘嘉宁(2013)采用科学的层次分析法和模糊综合评价法相结合的分析方法构建了战略性新兴产业评价指标体系。① 岳利萍(2014)将生态文明概括为经济发展条件生态化、经济发展过程生态化、经济发展结果生态化以及经济发展结果生态化的制度保障四个维度,并通过指数测算对比的方式构建了一套生态文明评价指标体系。王治和等(2015)基于粗糙集属性约简算法,运用主成分分析法选择出最优指标体系集,并通过Bayes统计判别法验证其合理性,最终得到循环经济指标体系构建方法模型。龚洁(2015)基于区域经济开放的概念内涵,构建了包括4个准则层、22个指标的区域经济开放评价指标体系,并采用冗余度、灵敏度和面板协整方法实证检验了该指标体系的合理性与有效性。杨琛等(2016)采用定性指标与定量指标相结合的方式,构建了一个涵盖"经济治理、政治治理、文化治理、社会治理、生态治理和党的建设"6个一级指标,以及"产业结构分配、人均地区生产总值、恩格尔系数"等28个二级指标的国家治理体系和治理能力现代化指标体系。吕珂等(2016)综合评述了农业现代化评价指标体系的构建方法,认为综合指标评价法是目前学界评价农业现代化的主要方法;他们针对农业现代化评价指标体系存在的不足,提出了规范化处理不同板块内容

---

① 刘嘉宁.战略性新兴产业评价指标体系构建的理论思考[J].经济体制改革,2013(1):170-174.

的具体指标、开展基层调研获取第一手数据、增加可持续发展等导向性指标的权重等建议,以期进一步完善农业现代化评价指标体系。李妍等(2017)以"创新、协调、绿色、开放、共享"五大发展理念为统领,从创新环境、创新资源、创新绩效、创新企业、创新经济、创新发展六方面构建了一套广东省创新指数,动态跟踪监测分析了广东省创新型省份建设进程以及科技产业创新中心建设成效。曹小衡等(2017)从七方面构建了测度海峡两岸经济一体化的指标体系,运用定量测度、价格测度、制度测度等方法,测算了1995—2015年海峡两岸经济一体化的演进与程度。① 马立政等(2017)运用主成分分析法从发展状况、环境与功能三个维度构建了基本经济制度的指标体系,进而构建了基本经济制度指数,以观测基本经济制度演进趋势及其客观规律。② 朱海玲(2017)通过调整系数法核算绿色经济,构建了一套包括4个一级指标,15个二级指标的绿色经济评价指标体系。③ 谢炳庚和向云波(2017)基于环境绩效指数(EPI)、人类发展指数(HPI)和政治文化指数(PCI),采用均权重方法,运用三维垂直模型,构建了省级行政区尺度的美丽中国建设水平评价指标体系,并对2011—2014年我国省级行政区美丽中国建设水平进行了定量评价。④

国内外学者对经济现代化指标体系的构建为我们提供了良好的参考。国内对现代化经济体系的理论研究厘清了现代化经济体系的范畴,并在此基础上提出了构建现代化经济体系评价指标体

---

① 曹小衡,李月,徐永慧.海峡两岸经济一体化测度体系的构建与比较研究[J].山西财经大学学报,2017(2):1-11.

② 马立政,彭双艳,李正图.基本经济制度指标体系研究[J].上海经济研究,2017(9):18-33.

③ 朱海玲.绿色经济评价指标体系的构建[J].统计与决策,2017(5):27-30.

④ 谢炳庚,向云波.美丽中国建设水平评价指标体系构建与应用[J].经济地理,2017(4):15-20.

系并进行实证分析的呼吁。贾康(2018)明确提出我国构建现代化经济体系需要有一套与工作业绩相关的指标体系。① 季晓南(2018)也提出要加强现代化经济体系的指标体系构建和实证研究。②

对于如何构建现代化经济体系各项指标,杨秋宝(2018)认为测度我国现代化经济体系的建设状况,可从规模、结构、质量、科技和环保五大维度、15个基本方面提出具体指标。③ 贺晓宇和沈坤荣(2018)运用2002—2016年的省际数据,使用空间杜宾模型对我国30个省份的发展情况进行估计,构建了现代化经济体系的评价指标,实证分析了完善现代化经济体系对于提升全要素生产率、提高经济发展质量的作用。④ 周权雄(2019)采用综合经济实力、产业结构、产业体系、创新驱动、要素投入、需求结构、开放水平、城乡区域、资源环境、经济体制等一级指标,综合构建了现代化经济体系指标评价体系并对广州进行了实证研究。⑤ 刘陶(2019)根据现代化经济体系的内涵特征,从经济发展总体水平、政府对企业的服务能力、创新发展能力、现代产业体系发展水平、城乡协调发展程度、开放型经济水平、绿色经济水平等7个层面选取了针对性较强的相关指标,通过层次分析法,构建了一套较为完整的现代化经济体系评价指标体系并进行了实证研究,对湖北、湖南、江西与广东、江苏、浙江等6个省份的现代化经济水平进行了综合评价与比较。⑥

---

① 贾康.着力建设现代化经济体系[J].经济,2018(2):10.
② 季晓南.充分发挥创新对现代化经济体系建设的战略支撑作用[J].北京交通大学学报(社会科学版),2018(2):1-11.
③ 杨秋宝.新时代现代化经济体系的特质与测度[J].金融博览,2018(5):38-39.
④ 贺晓宇,沈坤荣.现代化经济体系、全要素生产率与高质量发展[J].上海经济研究,2018(6):25-34.
⑤ 周权雄.粤港澳大湾区视域下广州建设现代化经济体系评价研究[J].改革与战略,2019(8):67-77.
⑥ 刘陶.湖北现代化经济体系建设水平测度与提升路径研究[J].长江大学学报(社会科学版),2019(3):42-46.

钟荣丙(2019)从内部结构体系和外部环境体系出发,采用权重赋值法及求和均值法来综合测算现代化经济体系各项评价指标,建立了衡量现代化经济体系的11个指标。① 苏屹等(2019)评估了2009—2016年我国东北三省(辽宁、吉林、黑龙江)现代化经济体系的发展状况,分为产业体系子系统、动力体系子系统和保障体系子系统三方面进行分析,并提出了未来改进的原则和建议。② 张燕生和梁婧姝(2019)较为全面地提出了现代化经济体系指标体系的建构思路,从供需平衡体系、产业体系、市场体系、收入体系、区域发展体系、城乡发展体系、绿色发展体系、开放体系和经济体制机制几个方面设定指标,构建了2020年、2035年、2050年分阶段的现代化经济体系指标体系,并运用熵值方法测算"2020指标体系"的区域排名,为各地区根据自身情况调整和完善现代化经济体系建设提供了量化参考。③ 任保平和张倩(2022)认为中国式现代化突出体现了中国特色社会主义发展道路的基本特征,是将现代化发展的普遍原理与我国具体国情、发展阶段、时代特征的特殊性相结合的现代化模式创新,是一次伟大的创造。中国式现代化新道路的伟大创造体现在:它创造了人类文明的新形态,创造了社会主义的现代化、并联式的现代化和人本逻辑的现代化。中国式现代化新道路是将现代化形态嵌入经济建设、社会发展、人民生活各个方面,突出表现为经济现代化、社会进程现代化、城乡区域现代化、生态文明现代化、治理能力现代化。基于中国式现代化的发展逻辑,中国式现代化的评价维度也应包括这几个方面。任保平、张倩

---

① 钟荣丙.城市群区域现代化经济体系的构成和评价研究[J].中共石家庄市委党校学报,2019(11):25-32,42.
② 苏屹,王洪彬,林周周.东三省现代化经济体系构成与优化策略研究[J].中国科技论坛,2019(3):132-139.(三位作者2019年在多篇文章中均做过类似研究。)
③ 张燕生,梁婧姝.现代化经济体系的指标体系研究[J].宏观经济管理,2019(4):17-24.

(2022)从中国式现代化的核心基础、关键内容、存在问题、重要约束与基本保障视角出发,构建了包含经济现代化、社会进程现代化、城乡区域现代化、生态文明现代化和治理能力现代化5个统计维度的指标体系。① 吕承超等(2021)在《现代化经济体系:指标评价体系、地区差距及空间演进》一文中构建从动力体系、资源配置、产业体系和增长质量4个维度衡量现代化经济体系发展水平的现代化经济体系评价指标体系(见表0-2)。②

表0-2 吕承超等设计的现代化经济体系评价指标体系

一级指标	二级指标	三级指标	具体指标	作用
动力体系	技术驱动	科研经费投入强度	R&D研发经费支出/GDP	+
		科研人员投入强度	R&D研发人员数/全部从业人员数量	+
		人均专利占有量	国内三种专利授权数/总人口	+
		创新产品增利度	创新产品销售收入/工业企业主营业务收入	+
		高新技术创收度	高技术产业主营业务收入/GDP	+
	基础设施	交通网络完善	运输路线(铁路营业里程+内河航道里程+等级路)密度	+
		通信设施完善	人均移动电话交换机容量	+
		公共交通设施完善	每万人拥有公共汽电车辆	+

---

① 任保平,张倩.构建科学合理的中国式现代化的评价指标体系[J].学术界,2022(6):3-4.

② 吕承超,崔悦,杨珊珊.现代化经济体系:指标评价体系、地区差异及时空演进[J].上海财经大学学报(哲学社会科学版),2021(5):3-20.

续表

一级指标	二级指标	三级指标	具体指标	作用
动力体系	教育水平	教育设施完善	普通高校密度	+
		教育福利	平均受教育年限	+
		教育重视度	教育经费支出/GDP	+
		人力资本	大专及以上学历人员占总就业人口比重	+
资源配置	市场体系	非国有经济投资比重	非国有经济固定资产投资/全社会固定资产投资	+
		非国有经济产出比重	非国有企业工业产值/工业总产值	+
		劳动要素市场化程度	私营个体单位就业人数/全部从业人员数量	+
		技术市场成交额比重	技术市场成交额/GDP	+
	政府作用	政府投资比重	国家预算内资金/全社会投资额	−
		政府消费比重	政府消费支出比重	−
		税收收入比重	税收收入/GDP	+
产业体系	产业链供应链发展	流通分配设施完善程度	城市物流仓储用地面积/建成区面积	+
			配送中心密度	+
		物流运输发展程度	（统一配送商品购进额＋自有配送中心配送商品购进额）/商品购进总额	+
			货运周转量/GDP	+
		信息距离优化程度	有网站的企业比重	+

续表

一级指标	二级指标	三级指标	具体指标	作用
产业体系	产业协调发展	产业结构合理化	产业结构合理化指数	−
		产业结构高级化	产业结构高级化指数	+
	服务业结构高级化	服务业投资比重	第三产业投资比重	+
		金融业发展程度	金融业增加值/第三产业增加值	+
		软件业创收度	软件业务收入/GDP	+
		电子商务增利度	电子商务销售额/GDP	+
	制造强国	实体经济比重	第二产业贡献率	+
		制造业投资比重	制造业固定资产投资比重	+
		能源生产率	发电量/GDP	+
		劳动生产率	全员劳动生产率	+
	现代农业产业体系	农田水利建设程度	有效灌溉面积占耕地面积比重	+
		农业产值能耗率	万元农林牧渔业增加值电力消耗	−
		农业机械化水平	主要农作物耕种收综合机械化率	+
		粮食生产水平	粮食单产水平	+
增长质量	均衡发展	地区收入协调	各省份人均GDP/全国人均GDP	+
		地区消费协调	各省份消费水平/全国平均消费水平	+
		城乡收入协调	城乡收入比	−
		城乡消费协调	城乡消费比	−

续表

一级指标	二级指标	三级指标	具体指标	作用
增长质量	绿色发展	单位GDP废水排放	工业废水排放总量/GDP	-
		单位GDP废气排放	工业二氧化硫排放量/GDP	-
		单位GDP固体废物排放	一般工业固体废物产生量/GDP	-
	对外开放	外贸开放度	进出口总额/GDP	+
		外资开放度	外商直接投资/GDP	+
		内贸依存度	社会消费品零售总额/GDP	+
		内贸投资比重	国内直接投资总额（国家预算内资金＋国内贷款＋自筹资金）/全社会投资额	+
	收入分配公平	初次分配公平	劳动报酬在初次分配中比重	+
			政府公共财政支出/GDP	+
		再分配公平	个人所得税/税收收入	+
			社会保障和就业支出/政府公共财政支出	+
	产品服务优质	产品优等品率	产品优等品率	+
		产品质量损失率	产品质量损失率	-
		服务产品高级度	高星级饭店密度	+
		服务消费优化度	教育文化娱乐支出/人均消费性支出	+
	社会福利	环境福利	人均公园绿地面积	+
		收入福利	人均可支配收入	+
		消费福利	人均消费支出	+
		休闲福利	居民旅游恩格尔系数	+
		健康福利	人口死亡率	-

续表

一级指标	二级指标	三级指标	具体指标	作用
增长质量	社会福利	医疗福利	每千人均医疗卫生机构床位数	+
		养老福利	城乡居民人均实际领取基本养老保险金额	+

注:"+"代表正向指标,"-"代表负向指标。

三、研究述评

综上所述,国内外学者对现代化经济体系的研究主要从其内涵、意义、特征、评价标准及实现路径展开,大多数围绕党的十九大报告提出的"贯彻新发展理念,构建现代化经济体系"进行研究,对其理论逻辑进行深入研究的还比较少。对于现代化经济体系评价指标体系构建与实证研究,学者主要是从现代化经济体系的6个子系统选择评价指标,运用赋值法构建评价指标体系。然而,目前关于现代化经济体系评价指标体系构建与实证研究仍比较少。构建完善的现代化经济体系评价指标体系,有利于厘清现代化经济体系的具体范畴、有利于评价现代化经济的发展水平、有利于建设现代化经济体系的有效机制,是目前学界需要解决的重大理论课题和实践课题,这也是本书研究的重要目标。

创新、协调、绿色、开放、共享的"五大发展理念"作为引领我国经济社会发展的重要思想武器,是"十四五"时期乃至今后更长时期我国发展的总体思路、发展的基本方向和发展的着力点的集中体现,是我们党科学认识和把握当前经济社会发展规律的再深化和新飞跃,是中国特色社会主义发展的新要求,极大丰富发展了马克思主义发展观。"五大发展理念"和"新发展理念"概念提出以来,在国内外引起了强烈的反响,学术界对其研究也是逐渐深入,并取得了较为显著的研究成果。周文(2019)认为,新发展理念是习近平新时代中国特色社会主义经济思想中客观总结国内外经济发展现实与发展经验的基础上提出的一套系统化的经济发展学说,这是建设现代化经济体系的突破口,既是为破解经济发展难题开出的整体性药方,也是指导新时代中国经济实现高质量发展的根本性方略,从而更好确保中国经济发展实现从"大国阶段"迈入"强国阶段"。①

在新发展理念视域下,学者们对现代化经济体系的研究也更加深入,取得了丰硕的学术成果。然而,国内目前构建的以"五大发展理念"为基础的指标体系,虽然有利于贯彻新发展理念的评判标准,但以"五大发展理念"为基础的指标体系更多的是结果评价指标,更多的是静态的指标,而不是现代化经济体系评价的动态指标;而且以"五大发展理念"为基础的指标体系,还不能完全涵盖现代化经济体系中的市场竞争体系和宏观调控体系等内容。国内外学者对现代化经济体系的实证研究,大多数只从横向比较出发得出结论,缺少纵向分析现代化经济体系所需要的变化与发展。因此,在新发展理念视阈下,有必要构建评价现代化经济体系的完整指标体系并进行实证分析,以应对阙如。为此,本书基于现有文献作出以下拓展:第一,在把握现代化经济体系科学内涵和理论框架的基础上,构建现代化经济体系指标评价体系,采用时空极差熵权法对中国现代化经济体系发展水平进行测算;第二,利用 Dagum 基尼系数对现代化经济体系发展水平的地区差距进行测度并分解,识别地区差异及变化趋势;第三,采用 Kernel 密度估计法对现代化经济体系时空分布演进展开研究,并结合时空收敛模型,揭示现代化经济体系的空间收敛趋势,为推进现代化经济体系建设提供路径支持。

---

① 周文.建设现代化经济体系的几个重要理论问题[J].经济研究参考,2019(22):92-104.

第三节 研究内容、思路与方法

一、研究内容

(1)厘清现代化经济体系的内容、逻辑和范畴结构。厘清现代化经济体系的结构范畴是构建评价指标体系的基础,是构建完整指标体系的理论框架。这部分研究包括:解构现代化经济体系的具体范畴。本课题拟将其解构为创新体系、产业体系、市场体系、共享发展体系、城乡区域发展体系、绿色发展体系、全面开放体系和经济体制等7个具体体系;确定现代化经济体系各具体体系的描述性特征。

(2)构建现代化经济体系的指标体系。确立指标体系是开展现代化经济体系研究的一项重要任务,只有建立一整套合理可量化的指标体系,现代化经济体系才更为科学、更加精准、更好操作,各行各业才能更方便地开展相应指标对标找差距。这部分研究包括:根据上述经济体系现代化的描述性特征构建相对应的评价指标体系,将现代化经济体系解构成一个有序的递阶层次结构,运用合理的方法对指标体系赋权。

(3)现代化经济体系的实证研究。开展现代化经济体系的研究,主要目的不是用于得出结论,而是用于指导工作,这就要求既重视理论研究,也注重实证研究。这部分研究包括:数据处理,对指标用归一化方法进行无量纲化处理,以便于比较;测算及评价,包括全国总体测算和评价以及分省份分项测算和评价;比较差异及因子分析。

(4)现代化经济体系有效运行的机制建设研究。建立体系时,我们强调要建立健全机制,比如建立更加有效的区域协调发展新机制,健全财政、货币、产业、区域等经济政策协调机制等。现代化经济体系评价指标体系的构建与实证的根本目的在于有针对性地指导实践。这部分研究包括:清晰评价我国现代化经济体系发展的状况,及时发现我国现代化经济体系发展的短板,有效评价创新驱动发展等战略的实施绩效,为动态调整城乡区域协调、对外开放等工作机制提供政策建议。

二、研究思路

根据上述研究目标和研究内容,本课题研究将按以下逻辑和思路展开。

首先,在理论上厘清现代化经济体系的具体范畴,这是本研究的前提。根据新发展理念,现代化经济体系的具体范畴应该包括创新体系、市场体系、经济体制、产业体系、绿色发展体系、共享发展体系、城乡区域发展体系和全面开放体系8个组成部分。

其次,在结构上构建现代化经济体系的评价指标,这是本研究的重点。根据上述现代化经济体系具体范畴的建立,评价指标体系应该评价现代化经济体系在创新动力发展、政商和谐、经济增长、产业协调、资源节约等40个方面的具体情况。

再次,通过统计分析来测度现代化经济体系的发展水平,这是本研究的关键。根据上述评价指标及其体系,对各项指标进行赋权和赋值,以评价不同阶段经济体系的发展水平。

最后,在制度上建设现代化经济体系的有效机制,这是本研究的目的。根据上述实证研究,分析我国当下经济体系发展的短板,在制度上建立建设现代化经济体系的长期有效机制,保证2035年建成现代化经济体系的目标如期实现。

具体研究思路如图0-1所示。

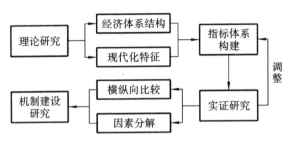

图 0-1 研究框架

三、研究方法

(1)因子分析法。因子分析是主成分分析的推广。因子分析的实质就是用几个潜在的、不可观测的、互不相关的随机变量去描述许多变量之间的相关关系(或者协方差关系),这些随机变量称为公共因子。因子分析的主要任务之一就是对原有变量中信息重叠的部分提取彼此间互不相关的综合因子,实现减少变量个数的目的。同时,根据标准化后的因子得分系数可以计算得到各因子得分,通过选择合理的权重可计算最终的综合得分。

(2)层次分析法。层次分析法是一种定性和定量分析相结合的赋权方法,它把一个复杂决策问题表示为一个有序的递阶层次结构,通过两两比较判断,计算各种决策方案在不同准则下的相对重要性量度,可避免德尔菲法主观性太强的弱点。

(3)比较分析法。纵向比较得到按时间序列数据测度的全国总指数、横向比较得到按截面数据测度的分省份分项指数,并进行因数分解,比较分析产生差异的原因。

第四节 研究特色与创新

本研究的特色和创新点体现在:

首先,在新发展理念视域下搭建了一个比较全面的现代化经济体系评价的理论框架。本研究在对新发展理念进行理念解构的基础上,将现代化经济体系与新发展理念对照、结合,提出现代化经济体系应该包括以下7个目标:创新引领、协同发展的产业体系,统一开放、竞争有序的市场体系,体现效率、促进公平的收入分配体系,彰显优势、协调联动的城乡区域发展体系,资源节约、环境友好的绿色发展体系,多元平衡、安全高效和全面的开放体系,充分发挥市场作用、更好发挥政府作用的经济体制。由此为现代化经济体系评价指标体系的建立提供理论支撑。

其次,在新发展理念视域下构建了一个比较科学的现代化经济体系评价的指标体系。根据系统性、科学性、可量化性、简明性、动态性和典型性等6个原则,构建了现代化经济体系的评价指标。包括从研发经费投入强度、政府与市场的关系、国内生产总值的增速等40个具体方面来对现代化经济体系进行全面考察。

最后,提出了一个比较系统的新发展理念视域下的评价现代化经济体系的实证范式。在上述指标体系构建的基础上,对各个不同度量单位的指标进行标准化处理,建立层次结构模型,构建判断(成对比较)矩阵,进行单排序、一致性检验和层次总排序,对全国及各省份现代化经济体系的发展水平进行实证分析。

第一章

相关概念界定与理论基础

第一节 相关概念界定

一、新发展理念

党的十八届五中全会首次提出的五大发展理念包括：创新发展、协调发展、绿色发展、开放发展、共享发展。五大大发展理念相互贯通、相互促进，是具有内在联系的集合体，要统一贯彻，不能顾此失彼，也不能相互替代。其中任何一个发展理念贯彻不到位，发展进程都会受到影响。新发展理念深刻揭示了实现更高质量、更有效率、更加公平、更可持续、更为安全的发展之必由之路，是关系我国发展全局的一场深刻变革；是针对我国经济发展进入新常态、世界经济复苏低迷形势提出的治本之策；是针对我国发展面临的突出问题和挑战提出来的战略指引；集中反映了我们党对经济社会发展规律认识的深化，是我国发展理论的又一次重大创新。习近平总书记在党的十八届五中全会第二次全体会议上的讲话中指出："这五大发展理念不是凭空得来的，是我们在深刻总结国内外发展经验教训的基础上形成的，也是在深刻分析国内外发展大势的基础上形成的，集中反映了我们党对经济社会发展规律认识的

第一章
相关概念界定与理论基础

深化,也是针对我国发展中的突出矛盾和问题提出来的。"①党的二十大报告指出,"必须完整、准确、全面贯彻新发展理念","贯彻新发展理念是新时代我国发展壮大的必由之路"。因此,全党要把思想和行动统一到新发展理念上来,努力提高统筹贯彻新发展理念的能力和水平,对不适应、不适合甚至违背新发展理念的认识要立即调整,对不适应、不适合甚至违背新发展理念的行为要坚决纠正,对不适应、不适合甚至违背新发展理念的做法要彻底摒弃。

(一)创新发展理念

创新是人类特有的认识能力和实践能力,是人类主观能动性的高级表现形式,是推动民族进步和社会发展的不竭动力。经济学上,创新这一概念源自美籍经济学家熊彼特在1912年出版的《经济发展概论》。熊彼特在其著作中提出:创新是指把一种新的生产要素和生产条件的"新结合"引入生产体系。它包括五种情况:引入一种新产品,引入一种新的生产方法,开辟一个新的市场,获得原材料或半成品的一种新的供应来源。熊彼特的创新概念包含的范围很广,如涉及技术性变化的技术创新及非技术性变化的组织创新。而在马克思主义经济学中,创新是劳动的一个重要的阶段性成果,是生产力发展的阶段性标志。创新是社会经济发展的前置因素,形成规模性效益的源泉。创新与积累劳动形成了经济发展的两大矛盾性劳动根源。创新的价值在于以新的生产方式重新配置生产要素形成新的生产力,创造新形式的劳动成果或者更大规模的生产,其重点在于创新成果社会化过程对于经济领域的路径选择或者创新出新的路径。创新价值是从个别主体的垄断价值到社会再生产的普遍价值转化。一个民族要想走在时代前列,就一刻也不能没有理论思维,一刻也不能停止理论创新。这是

---

① 习近平.在党的十八届五中全会第二次全体会议上的讲话[J].求是,2016(1).

因为：一方面，创新直接影响着经济的发展，创新直接影响着生产力水平的提高；另一方面，创新还对科技进步起着举足轻重的作用。一个民族创新能力的大小直接影响到科学发展、技术创新和工程技术的进步水平，而这些又是推动该民族经济发展并实现经济体系现代化的重要因素。

创新发展注重的是解决发展动力问题。2018年4月26日，习近平总书记在湖北考察时强调："新发展理念，创新是第一位的。我国已经成为第二大经济体，过去那种主要依靠资源要素投入推动经济增长的方式行不通了，必须依靠创新。"① 我国创新能力不强，科技发展水平总体不高，科技对经济社会发展的支撑能力不足，科技对经济增长的贡献率远低于发达国家水平，这是我国这个经济大个子的"阿喀琉斯之踵"。同时，强调创新发展，是因为我国经济已由高速增长阶段转向高质量发展阶段。高质量发展要求经济发展动力转换，而创新是引领发展的第一动力。我们要抓住创新这个牵动经济社会发展全局的"牛鼻子"，抓住新一轮科技和产业革命的历史机遇，从主要依靠劳动力和要素投入转为主要依靠创新驱动发展。依托全方位、多层次、宽领域的创新推动质量变革、效率变革、动力变革，为建设现代化经济体系提供战略支撑。因此，要实现创新发展，必须把创新摆在国家发展全局的核心位置，不断推进理论创新、制度创新、科技创新、文化创新等各方面创新。

（二）协调发展理念

协调理念坚持统筹兼顾、综合平衡，正确处理发展中的重大关系，补齐短板、缩小差距，努力推动形成各区域各领域欣欣向荣、全面发展的景象。协调发展理念是对马克思主义关于协调发展理论

---

① 习近平.坚持新发展理念打好"三大攻坚战"奋力谱写新时代湖北发展新篇章[N].人民日报，2018-04-29.

第一章
相关概念界定与理论基础

的创造性运用,是我们党对经济社会发展规律认识的深化和升华,为理顺发展关系、拓展发展空间、提升发展效能提供了根本遵循。

协调发展注重的是解决发展不平衡问题。我国发展不协调是一个长期存在的问题,突出表现在区域、城乡、经济和社会、物质文明和精神文明、经济建设和国防建设等关系上。长期以来,实现区域协调发展是中国共产党对国家中长期经济社会发展规划的重要目标。从毛泽东同志对沿海工业与内地工业关系的思考,到邓小平同志统筹沿海与内地两个大局的发展构想,再到习近平总书记"推动形成优势互补高质量发展的区域经济布局"的战略研判,区域协调发展在党和国家领导人的顶层设计与社会主义现代化建设的实践中实现了理论和实践的深化,并日益成为国家经济社会高质量发展的强劲动力。在经济发展水平落后的情况下,一段时间的主要任务是要跑得快,但跑过一定路程后,就要注意调整关系,注重发展的整体效能,否则"木桶"效应就会愈加显现,一系列社会矛盾会不断加深。同时,强调协调发展,是要保证社会再生产过程顺利进行。建设现代化经济体系,要紧紧抓住影响社会再生产的主要矛盾、中心环节,突出生产关系和经济结构调整,协调好供给与需求、生产与消费、当前与长远、局部与全局、重点与一般的关系,建立起协调发展的现代化经济体系,为社会再生产扩大规模、优化结构、提高效益提供根本保障。

协调发展理念的实质就是要求在发展这个重大问题上,必须正确处理好一系列重大的关系。这主要体现在以下三个方面:

一是协调发展要求发展过程更加体现全面性和整体性。中国作为一个发展中的经济大国,强调协调发展,必须凸显城乡协调发展,促进城镇化与农业现代化同步发展,推动工业化与信息化融合发展,实现城乡全面发展、城乡一体化发展;必须凸显区域之间协调发展,促进东、中和西部地区全面发展,引领各地区共同发展;必须凸显物质文明与精神文明协调发展,不能出现"一条腿长、一条腿短"的问题。

二是协调发展要求发展的过程更加体现平衡性特点和要求。中国的发展必须立足社会主义初级阶段基本国情,处理好发展中的各类平衡和关系问题。强调协调发展,要求在坚持以经济建设为中心的同时,通过大力发展社会事业,完善社会公共服务体系,努力促进经济增长与社会发展有机统一,防止社会发展的短板制约经济增长;协调发展强调推动经济建设和国防建设融合发展,以强大的国防建设为经济建设提供良好的保障,发挥科技创新的支撑引领作用;协调发展强调经济发展等硬实力,也要凸显文化等软实力的提升,推动硬实力与软实力协调发展。

三是协调发展要求发展更加体现可持续的目标和要求。中国实现崛起和现代化任务的长期性和艰巨性,从一开始就决定了中国的发展必须强调协调和可持续性。协调发展,也要求必须正确处理好人口、资源与环境保护的问题,确保经济增长与人口协调发展,推动经济增长与自然环境协调发展,加快推动经济发展方式从要素驱动迈向创新驱动发展。唯有如此,中国的发展才能持续迈向新阶段。

(三)绿色发展理念

绿色发展是以效率、和谐、持续为目标的经济增长和社会发展方式。当今世界,绿色发展已经成为一个重要趋势,许多国家把发展绿色产业作为推动经济结构调整的重要举措,突出绿色的理念和内涵。绿色发展与可持续发展在思想上是一脉相承的,既是对可持续发展的继承,也是可持续发展中国化的理论创新,也是中国特色社会主义应对全球生态环境恶化客观现实的重大理论贡献,符合历史潮流的演进规律。从内涵看,绿色发展是在传统发展基础上的一种模式创新,是建立在生态环境容量和资源承载力的约束条件下,将环境保护作为实现可持续发展重要支柱的一种新型发展模式。具体来说包括以下几个要点：一是要将环境资源作为社会经济发展的内在要素；二是要把实现经济、社会和环境的可持续发展作为绿色发展的目标；三是要把经济活动过程和结果的"绿色化""生态化"作为绿色发展的主要内容和途径。

绿色发展注重的是解决人与自然和谐问题。2020年1月习近平总书记在云南考察时指出："党的十八大以来，我们提出的生态文明理念深入人心。这个理念符合人类社会发展规律，顺应人民群众对美好生活的期盼。推动经济高质量发展，决不能再走先污染后治理的老路。只要坚持生态优先、绿色发展，锲而不舍，久久为功，就一定能把绿水青山变成金山银山。"[①]我国资源约束趋紧、环境污染严重、生态系统退化的问题十分严峻，人民群众对清新空气、干净饮水、安全食品、优美环境的要求越来越强烈。同时，强调绿色发展，目的是实现人与自然和谐共生。建设现代化经济体系，必须处理好经济发展与生态环境保护的关系，牢固树立保护生态环境就是保护生产力、改善生态环境就是发展生产力的理念，让老百姓切实感受到经济发展带来的环境效益，让天更蓝、山更绿、水更清、环境更优美，走向生态文明新时代。因此，要实现绿色发展，必须坚持节约资源和保护环境的基本国策，坚持可持续发展，推进美丽中国建设。生态文明建设是我国现代化建设中相对薄弱的领域，因而要把生态文明建设放在突出地位。生态文明建设有赖于清洁能源生产和消费模式的转变，分步骤、有计划地推进生态文明建设十分必要。

（四）开放发展理念

开放发展理念是立足当代中国实际、放眼世界经济政治当前

---

① 习近平春节前夕赴云南看望慰问各族干部群众 向全国各族人民致以美好的新春祝福 祝各族人民生活越来越好祝祖国欣欣向荣[N].人民日报,2020-01-22.

的矛盾运动,并着眼未来经济全球化的大趋势,在深刻回答新时代我国"实现什么样的开放发展、怎样推动开放发展"一系列问题的基础上提出来的,其内涵非常丰富。开放发展理念深刻阐释了新时代开放发展的目标、动力、布局、原则等一系列问题,这既体现了对经济全球化本质和发展趋势的深刻洞悉,又体现了对我国开放发展方向、目标等的科学把握。通过对外开放,中国不仅能够更好吸收国际社会绿色发展的经验,同时也可以更好为全球生态环境的优化贡献中国智慧。开放发展本身也需要注重解决内外联动、双向开放问题,必须坚持对外开放的基本国策,奉行互利共赢的开放战略,发展更高层次的开放型经济。

开放发展注重的是解决发展内外联动问题。习近平总书记反复强调开放的重要性,指出"开放带来进步,封闭必然落后","开放是当代中国的鲜明标识","对外开放是中国发展的关键一招","开放是国家繁荣发展的必由之路"。这些重要论述,是对新时代我国开放发展的高度概括和精准把握,指引我国开放道路越走越宽广。现在的问题不是要不要对外开放,而是如何提高对外开放的质量和发展的内外联动性。我国对外开放水平总体上还不够高,用好国际国内两个市场、两种资源的能力还不够强,应对国际经贸摩擦、争取国际经济话语权的能力还比较弱,运用国际经贸规则的本领也不够强,需要加快弥补。同时,强调开放发展,是要从构建人类命运共同体的高度,建设开放、包容、普惠、平衡、共赢的经济体系。为此,既要支持我国企业扩大对外投资,推动装备、技术、标准、服务走出去,提升在全球价值链上的位置;又要积极参与全球治理,促进形成各国发展创新、增长联动、利益融合的世界经济格局。因此,要实现开放发展必须顺应我国经济深度融入世界经济的趋势,奉行互利共赢的开放战略。新形势下,中国需要更开放的视野,打破行政区划限制和国际限制,刺激生产要素跨空间流动和配置,形成全方位的主动对外开放格局。

(五)共享发展理念

唯物史观认为,人民群众是社会物质财富和精神财富的创造者,是推动社会发展的根本力量。作为社会主义的本质要求,共享是建立在全体人民共同奋斗的基础之上的。全体人民既是成果享受主体,也是价值创造主体。实现共享发展,需要激发全体人民的热情和创造精神,使全体人民在"共建"中各尽其能,在"共享"中各得其所。我们党坚持依靠广大人民群众推动经济社会发展,让人民群众共享经济社会发展成果,有更多获得感、幸福感、安全感。

共享发展注重的是解决社会公平正义问题。马克思认为,在"把生产发展到能够满足所有人的需要的规模"之后,全体社会成员理所当然地共同享有生产成果,并且认为在集体财富的一切源泉充分涌流之后,要遵循共产主义"各尽所能,按需分配"的原则,从而达到"共享的最高境界"。共享同样是中国式现代化道路的应有之义,是推进中国式现代化必须坚持的理念。习近平总书记指出:"让广大人民群众共享改革发展成果,是社会主义的本质要求,是社会主义制度优越性的集中体现,是我们党坚持全心全意为人民服务根本宗旨的重要体现。"①我国经济发展的"蛋糕"不断做大,但分配不公问题比较突出,收入差距、城乡区域公共服务水平差距较大。在共享改革发展成果上,无论是实际情况还是制度设计,都还有不完善的地方。同时,强调共享发展,实质是坚持以人民为中心的发展思想,体现的是逐步实现共同富裕的要求。为此,一方面应着力建设人人参与、人人尽力、人人都有成就感的产业体系和就业机制,充分调动人民群众的积极性、主动性、创造性,不断把"蛋糕"做大;另一方面应不断完善收入分配制度,把不断做大的"蛋糕"分好,让社会主义制度的优越性得到充分体现,让人民群众有

---

① 习近平.在党的十八届五中全会第二次全体会议上的讲话[J].求是,2016(1).

更多获得感。因此,要实现共享发展,必须坚持发展为了人民、发展依靠人民、发展成果由人民共享,作出更有效的制度安排,使全体人民在共建共享发展中有更多获得感。

现代化经济体系发展有个价值取向和方向性问题,其判断标准都应是"人民共享发展成果"。首先,"共享发展"是判断改革开放成功与否的根本标准。2015年8月21日,在就"十三五"规划建议听取党外人士意见的座谈会上,习近平总书记指出,"改革发展搞得成功不成功,最终的判断标准是人民是不是共同享受到了改革发展成果"。① 在其他场合,习近平总书记也从不同的角度论证了相似的观点。概括起来讲,其理论逻辑是:第一,改革开放必须尊重人民主体地位,紧紧依靠人民推动改革;第二,没有人民支持和参与,任何改革都不可能取得成功;第三,推进任何重大改革,都要站在人民立场上;第四,如果不抓紧消除社会上存在的大量有违公平正义的现象,会影响人民群众对改革开放的信心;第五,改革是要让社会变得更加公平正义,使发展成果惠及全体人民。如果不能给老百姓带来实实在在的利益,如果不能创造更加公平的社会环境,甚至导致更多不公平,改革就失去了意义。因此,要把促进社会公平正义、增进人民福祉作为一面镜子,审视我们各方面体制机制和政策规定。哪里有不符合促进社会公平正义的问题,哪里就需要改革;哪个领域哪个环节问题突出,哪个领域哪个环节就是改革的重点。可见,在习近平总书记的观念里,促进社会公平正义,实现"共享发展",是改革发展成功与否的判定标准。

共享是全面共享,共享发展就要共享国家经济、政治、文化、社会、生态各方面建设成果,全面保障人民在各方面的合法权益。一方面,共享发展的全面性要体现在社会发展的各个领域。其中,经

---

① 征求对中共中央关于制定国民经济和社会发展第十三个五年规划的建议的意见,中共中央召开党外人士座谈会 习近平主持并发表重要讲话[N].人民日报,2015-10-31.

济发展成果的共享是最基础的,但并不是唯一的。随着国家整体实力的增强和人民物质生活水平的提高,人民在民主、法治、公平、正义、安全、环境等方面的要求日益增长。共享发展理念旨在解决经济社会发展过程中出现的不平衡、不协调和不可持续等问题。要通过补齐民生领域存在的诸多短板,切实改善人民生活,促进人的全面发展。另一方面,共享发展的全面性要贯穿社会发展的各个环节。要通过制度安排、法律规范等,努力减少有违公平正义的现象,保障人民平等参与、平等发展的权利。通过创造和维护机会公平、规则公平的社会环境,让每个人通过努力都有成功机会。通过加强顶层设计,让全体人民能够共享经济社会发展成果。

二、现代化经济体系

理论界对经济体系有两种理解。一种认为经济体系是一群经济个体之间存在相互联系,个体间的通货可以互相兑换,任一个体的变动都会对总体造成影响,如欧盟即是一个经济体系。另一种认为经济体系是指一个国家或地区的经济结构和运行规则的总体,它包括经济法律、机构、市场和企业的相互作用及其产生的结果,以及政府和普通人民的社会关系。经济体系有不同的分类,例如可以分为自由市场经济体系、计划经济体系或社会主义市场经济体系。

现代化经济体系(modern economic system)是一个综合的概念,是由社会经济活动各个环节、各个层面、各个领域的相互关系和内在联系构成的一个有机整体。建设现代化经济体系是一个新表述、新要求,很多人还只是简单地将它理解为现代化产业体系或市场体系,而没有看到它是由多个体系构成的有机整体,更没有认识到它体现着新发展理念和社会主义现代化强国建设要求,即现代化经济体系需要一体建设、一体推进。认识不到这一点,就会影响现代化经济体系建设的进程。只有从"有机整体"的角度加深理解，才能做好建设现代化经济体系这篇大文章。

现代化经济体系是由多个体系构成的有机整体。建设现代化经济体系既是一个重大理论命题，更是一个重大实践课题，必须运用马克思主义的世界观和方法论，从理论和实践的结合上正确理解现代化经济体系的系统性和整体性。我国要建设的现代化经济体系，既包括生产力方面的内容，又包括生产关系方面的内容。从生产力角度看，提高劳动力、资本、技术等各种资源要素的质量，优化产业结构，促进转型升级，推动质量变革、效率变革、动力变革等，是建设现代化经济体系的重要内容。从生产关系角度看，全面深化改革、创新体制机制、提高管理水平等，也是建设现代化经济体系的重要内容。生产力现代化要求抓住新一轮世界科技革命和产业变革的重大机遇，不断增强我国经济创新力和竞争力。生产关系现代化要求改变同生产力发展不适应的生产关系和上层建筑，进一步完善社会主义市场经济体制，包括完善现代市场体系、宏观调控体系、开放型经济体系等。在社会主义国家，生产力和生产关系现代化的根本目的都是不断促进人的全面发展、全体人民共同富裕。正是生产力和生产关系及其矛盾运动，决定了现代化经济体系是由多个体系构成的、具有紧密联系的有机整体，这个整体主要包括：创新引领、协同发展的产业体系，统一开放、竞争有序的市场体系，体现效率、促进公平的收入分配体系，彰显优势、协调联动的城乡区域发展体系，资源节约、环境友好的绿色发展体系，多元平衡、安全高效的全面开放体系，充分发挥市场作用、更好发挥政府作用的经济体制。

现代化经济体系是适应全面建设社会主义现代化国家要求的经济体系。在谈到现代化经济体系时，一些人会与发达国家的经济体系进行对标，这样做并不恰当。我们应当借鉴发达国家的有益做法，但不能照搬其经济体系。总的来看，发达国家的经济体系是一种高水平、较稳定但宏观上缺乏活力的经济体系,具有制度成熟、结构定型、速度缓慢等突出特征,特别是制度革新缓慢,市场成长空间有限,社会流动性较低。与之不同,我国要建设的现代化经济体系是与全面建设社会主义现代化国家要求相适应的经济体系,具有体制机制不断变革、经济结构快速调整升级、长期潜在增速较快、社会流动性较强、富有创新创业活力等特征。同时,社会主义现代化国家全面建设坚持以人民为中心的发展思想,更强调促进人的全面发展、全体人民共同富裕。因此,评判建设现代化经济体系成效的根本标准,不在于与发达国家经济体系的相似度,而在于是否有利于全面建成富强民主文明和谐美丽的社会主义现代化强国。

现代化经济体系是全面体现新发展理念的经济体系。创新、协调、绿色、开放、共享的发展理念,相互贯通、相互促进,是具有内在联系的集合体。习近平总书记在2018年1月中央政治局第三次集体学习时,从七个方面阐释了现代化经济体系的内涵,这七个方面与新发展理念能够很好对应起来。其中,创新引领、协同发展的产业体系可与创新发展理念相对应;彰显优势、协调联动的城乡区域发展体系可与协调发展理念相对应;资源节约、环境友好的绿色发展体系可与绿色发展理念相对应;多元平衡、安全高效的全面开放体系可与开放发展理念相对应;体现效率、促进公平的收入分配体系可与共享发展理念相对应;统一开放、竞争有序的市场体系和充分发挥市场作用、更好发挥政府作用的经济体制,则是实现创新、协调、绿色、开放、共享发展的市场机制基础和体制保障。现代化经济体系是全面体现新发展理念的经济体系,必须坚持以新发展理念指导现代化经济体系建设,在建设中增强全面性、系统性、协同性。

建设现代化经济体系是我国发展的战略目标,也是转变经济发展方式、优化经济结构、转换经济增长动力的迫切要求。它是从我国仍处于并将长期处于社会主义初级阶段的基本国情出发,从人民日益增长的美好生活需要和不平衡不充分发展之间的矛盾这一社会主要矛盾出发,着眼于解决发展质量和效益不够高、创新能力不够强、实体经济水平有待提高、生态环境保护不到位、城乡区域发展和收入分配差距依然较大等突出问题,通过深化供给侧结构性改革、加快建设创新型国家、实施乡村振兴战略和区域协调发展战略、加快完善社会主义市场经济体制、推动形成全面开放新格局等重大举措,一体建设、一体推进,推动我国经济发展焕发新活力、迈上新台阶。

建设现代化经济体系有四大重点。

(1)坚持质量第一、效益优先。过去40余年,我国经济持续快速增长,创造了举世瞩目的中国奇迹,但也出现了一些突出的结构性问题。适应社会主要矛盾变化和经济发展阶段转向高质量发展,必须坚持质量第一、效益优先,把提高供给体系质量作为主攻方向,通过提高经济质量和效益实现经济持续健康发展。

(2)以供给侧结构性改革为主线,推动经济发展质量变革、效率变革、动力变革,提高全要素生产率。当前经济运行中的主要问题,是供给的结构、质量与不断升级的社会需求之间存在着结构失衡。以供给侧结构性改革为主线推进现代化经济体系建设,重点是加快发展先进制造业,推动互联网、大数据、人工智能同实体经济深度融合,推动资源要素向实体经济集聚、政策措施向实体经济倾斜、工作力量向实体经济加强。

(3)着力加快建设实体经济、科技创新、现代金融、人力资源协同发展的产业体系。实体经济是本、是纲,必须大力纠正脱离发展实体经济轨道、虚拟经济自我循环的不良倾向。科技创新是经济发展的第一驱动力,要使科技创新在实体经济发展中的贡献份额不断提高。现代金融是经济持续健康发展的"血液"系统,要使现代金融服务实体经济的能力不断增强。人力资源是经济发展的最宝贵资源,要使人力资源支撑实体经济发展的作用不断优化,提高实体经济从业者的社会地位、职业声誉、经济收益。

(4)着力构建市场机制有效、微观主体有活力、宏观调控有度的经济体制。主要路径是进一步处理好政府和市场关系。一是更好发挥政府作用,标准是不缺位、不越位、不错位,建立和完善权力清单、负面清单和责任清单三大制度。二是把"放手"当作最大的"抓手",政府对权力清单外的事务多做减法。三是"放手"而不"甩手",为市场活动制定规范,纠正市场失灵,为市场发挥作用提供良好制度环境。

习近平总书记在2018年1月30日中央政治局就建设现代化经济体系进行第三次集体学习时特别强调,建设现代化经济体系要抓好五项工作:大力发展实体经济,筑牢现代化经济体系的坚实基础;加快实施创新驱动发展战略,强化现代化经济体系的战略支撑;积极推动城乡区域协调发展,优化现代化经济体系的空间布局;着力发展开放型经济,提高现代化经济体系的国际竞争力;深化经济体制改革,完善现代化经济体系的制度保障。四大重点和五项工作,科学描绘了建设现代化经济体系的路线图。

三、经济发展

一个国家摆脱贫困落后状态,走向经济和社会生活现代化的过程即称为经济发展(economic development)。发展一词总是与发达、工业化、现代化、增长等词交替使用的。经济发展不仅仅意味着国民经济规模的扩大,更意味着经济和社会生活质量的提高。所以,经济发展涉及的内容超过了单纯的经济增长,比经济增长更为广泛。就当代经济而言,发展的含义相当丰富复杂。一般来说,经济发展包括三层含义:一是经济量的增长,即一个国家或地区产品和劳务的增加,其实质就是规模不断扩大的社会再生产过程和社会财富的增值过程,一般用国内生产总值或国民生产总值、国民收入来作为衡量指标,经济增长的数量构成了经济发展的物质基础;二是经济结构的改进和优化,即一个国家或地区的技术结构、产业结构、收入分配结构、消费结构以及人口结构等经济结构的变化;三是经济质量的改善和提高,即一个国家或地区经济效益的提高、经济稳定程度的提高、卫生健康状况的改善、自然环境和生态平衡的改善,以及政治、文化和人的现代化进程。人们对经济发展的认识有个深化的过程,具体包括经济增长、结构调整、社会成员福利的改善、环境与经济的可持续发展等几个阶段。事实上,现代经济发展理论还认为,经济发展应当考虑经济发展的伦理维度,即经济发展还有道德指标,不符合伦理道德的发展不能称之为发展。

必须强调的是,经济发展与经济增长是两个既有联系又有区别的概念。经济发展与经济增长有密切联系。经济增长不仅包含在经济发展之中,而且还是促成经济发展的基本动力和物质保障。一般而言,经济增长是手段,经济发展是目的;经济增长是经济发展的基础,经济发展是经济增长的结果。虽然在个别条件下有时也会出现无增长而有发展的情况,但从长期看,没有经济增长就不会有持续的经济发展。同时,经济发展与经济增长又是有区别的。经济增长只是指一国经济更多的产出,其增长程度仅仅以国内生产总值(GDP)或国民生产总值(GNP)、国民收入,以及它们的人均值的增长率这一单一指标来表示。而经济发展除了包括经济增长的内容外,还包括随着经济增长而出现的经济、社会和政治等方面的进展,其发展程度需要用能反映这种变化的综合性指标来衡量。经济增长的内涵较狭窄,是一个偏重于数量的概念,而经济发展则有一个更加宽泛的内涵,经济发展是一个既包含数量又包含质量的概念,在质和量的统一中更注重经济质态的升级和优化。虽然经济增长是经济发展的必要前提,但并不是一切经济增长都必然带来经济发展。如果只是传统经济在原有结构、类型、体制基础上单纯依赖增加资源消耗去实现数量增长,而没有经济在质态上的升级和优化,就不可能带来经济、社会和政治的整体演进和改善。这种情况就是通常所说的有增长而无发展。

在西方发展经济学看来,经济发展总是伴随着现代部门的形成,亦即工业化的过程。按照古典经济学理论,所谓工业化实质上就是资本、土地和劳动三要素的组合方式连续发生由低级到高级的变化过程,而这种由低级到高级的变化,其主要标志就是资本含量的多少,也就是通常所说的资本密集型还是劳动密集型的区分。张培刚也认为,工业化就是"国民经济中一系列重要的生产函数(或生产要素组合方式)连续发生由低级到高级的突破性变化。"[①]而现代经济部门的形成过程也就是资本积累过程和劳动力的转移与人力资源的开发过程。

第二节 理 论 基 础

一、习近平新时代中国特色社会主义经济思想

习近平新时代中国特色社会主义经济思想是我国在经济建设和社会发展方面取得的最新成果和理论结晶,深刻洞悉了新时代我国经济发展的主要矛盾和基本特征,体现了中国共产党对社会主义本质要求和发展方向的科学把握,标志着中国共产党对经济社会发展规律的认识达到了新的高度,是中国共产党关于发展的又一次重大理论创新,是我国经济社会发展必须长期坚持的指导思想。

习近平新时代中国特色社会主义经济思想具有丰富内涵。新发展理念是习近平新时代中国特色社会主义经济思想的主要内

---

① 张培刚.新发展经济学(增订版)[M].郑州:河南人民出版社,1999:107.

容,新发展理念,即贯彻创新、协调、绿色、开放、共享的发展理念。"七个坚持"是习近平新时代中国特色社会主义经济思想的基本内涵,即坚持加强党对经济工作的集中统一领导,保证我国经济沿着正确方向发展;坚持以人民为中心的发展思想,贯穿到统筹推进"五位一体"总体布局和协调推进"四个全面"战略布局之中;坚持适应把握引领经济发展新常态,立足大局,把握规律;坚持使市场在资源配置中起决定性作用,更好发挥政府作用,坚决扫除经济发展的体制机制障碍;坚持适应我国经济发展主要矛盾变化来完善宏观调控,相机抉择,开准药方,把推进供给侧结构性改革作为经济工作的主线;坚持问题导向部署经济发展新战略,对我国经济社会发展变革产生深远影响;坚持正确工作策略和方法,稳中求进,保持战略定力、坚持底线思维,一步一个脚印向前迈进。

创新、协调、绿色、开放、共享的新发展理念和以人民为中心的发展思想是实现高质量发展的必要条件和重要体现。创新、协调、绿色、开放、共享的新发展理念,深刻阐明了实现更高质量、更有效率、更加公平、更可持续、更为安全的发展之必由之路,那就是以提高发展质量和效益为中心,实现实实在在、没有水分的发展;以民生改善、就业充分为追求的发展;以劳动生产率提高、经济活力增强、结构调整有成效为战略目标的发展。深入贯彻新发展理念,首先要明确高质量的发展观;其次要贯彻以人民为中心的发展思想,这是高质量发展观的目标和落脚点;再次要落实人口资源环境全面协调的可持续发展观,这是高质量发展的保障。三者是具有密切联系和内在逻辑一致性的有机统一体,在实践中决不能割裂开来。牢固树立高质量发展观、以人民为中心的发展思想和人口资源环境相协调的发展观是时代的要求,是人民的要求和可持续发展的要求。"治国有常,而利民为本。"习近平新时代中国特色社会主义经济思想关于以人民为中心的发展思想,坚定、清晰而有力地回答了经济发展首先要解决为谁发展、由谁分享发展成果的根本

第一章
相关概念界定与理论基础

问题。人民是发展的主体,也是发展的最大受益者。坚持以人民为中心的发展思想,就要把增进人民福祉、促进人的全面发展作为发展的出发点和落脚点。此外,在发展中必须坚持节约资源和保护环境的基本准则,坚持可持续发展,坚定走生产发展、生活富裕、生态良好的文明发展道路,建设资源节约型、环境友好型社会,形成人与自然和谐发展的现代化建设新格局。

习近平新时代中国特色社会主义经济思想具有深厚的历史基础。新中国成立以来,尤其是改革开放以来,中国共产党在建设前无古人的中国特色社会主义全新事业的伟大历史实践过程中,根据形势和任务的变化,适时提出相应的发展战略,引领和指导发展的实践。从以经济建设为中心、发展是硬道理、发展是党执政兴国的第一要务、坚持科学发展、全面协调可持续发展,到坚持"五位一体"总体布局,正是在总结新中国成立以来七十多年经济社会发展正反两方面丰富经验和深刻教训的基础上形成的。中国共产党每一次发展理念、发展思路的创新和完善,都推动实现了发展的新跨越。新中国成立以来经济发展的历程表明,在起步阶段,首先要解决的是如何尽快发展起来的问题。发展才能自强,发展是解决我国一切问题的物质基础和关键。当前,我国社会经济发展水平达到了新的历史高度。发展的基本特征已经发生了深刻变化,社会主要矛盾已经转化为人民日益增长的美好生活需要和不平衡不充分发展之间的矛盾。过去那种追求规模、不计资源、环境、社会成本和代价的数量型低质量发展已经不能适应新的形势。

二、经济发展理论

经济发展理论(theory of economic development)是关于在经济增长基础上一个国家经济与社会结构现代化演进过程的理论,一般是指人们提出的关于经济增长和经济发展的系统化的、完备的原理、观点以及由此提出的政策主张,是人们经济发展思想的理论化和系统化,是经济发展思想的一个组成部分。当前的西方经济发展理论主要是以发展中国家经济发展为研究对象,而发展中国家的经济发展问题自第二次世界大战以来一直是当今世界经济学家们关注和讨论的焦点。

虽然发展经济学形成于20世纪40—50年代,但关于经济发展的思想在经济史上源远流长,可以追溯到古典经济学时代,甚至更早。这些萌芽思想对当代经济发展理论的形成产生了极大的影响,其中代表性人物和著作有:亚当·斯密的《国富论》、大卫·李嘉图的《政治经济学及其赋税原理》、马尔萨斯的《人口原理》《政治经济学原理》等。从研究对象上来看,这些早期思想实际上研究的是发达国家本身的增长问题;从研究内容上来看,它们多是有关经济增长的较为支离的论述,因缺乏系统性和全面性,而不能称为经济发展理论。

马克思主义经济发展理论是马克思主义者对经济发展理论与实践进行总结的理论成果,它通常可以划分为生产力方面的经济发展理论和生产关系方面的经济发展理论,具体包括以下对经济发展过程的认识:①投入要素的数量和质量以及影响它们的因素,如人口变动、人力资源开发、储蓄与资本形成、技术进步等;②投入要素的配合、竞争与替代,以及相互约束;③资本的配置与人口和资本的流动;④部门在经济发展过程中的关系;⑤对外贸易对经济增长的作用;⑥调动国内资源和利用国外资源的关系;⑦教育、卫生和环境与经济增长、经济发展的关系;⑧持续经济增长的可能性和前景;⑨对经济增长和经济发展过程的基本看法;⑩经济增长或经济发展阶段;⑪可供经济增长或经济发展问题论证和分析的观点、方法。① 马克思主义经济学家以建设社会主义宏伟大厦、推进

---

① 谭崇台.西方经济发展思想史[M].武汉:武汉大学出版社,1993:4.

第一章
相关概念界定与理论基础

社会主义经济发展、为占人口绝大多数的人民群众服务为目的,研究和探讨对经济增长和经济发展有着重大影响的各种动力、因素、条件、环境、结构、组织方式、制度、体制、机制、战略、方针、政策、途径等,现已取得了众多的理论成就。马克思主义经济发展理论是马克思主义经济学的重要组成部分。在《新帕尔格雷夫经济学辞典》的"马克思主义经济学"条目中,英国学者阿德沃·格利恩认为:"我们所说的马克思主义经济学,是指那些以卡尔·马克思的学说作为方法论和理论基础的经济学家的研究成果。"其中心论题可以分为以下几个方面:首先,认为"资本主义制度具有本质上的矛盾,这种矛盾指的是由资本主义制度结构产生的根本上的失灵,而不是指在某些和谐机制上表现出来的'不完善性'"。其次,认为"资本主义制度结构的核心是资本与劳动之间的关系,它在本质上是一种剥削关系。这种在其结构上对资本主义制度产生关键性影响的冲突,在各方面都得到了发展,在技术形式方面已发展到采取国家政策的形式"。再次,认为"对作为这一制度动力的资本积累,不能只从量上加以分析,它所引起的经济结构上的变化受到阶级关系的影响,反过来促进阶级关系尖锐化"。最后,认为资本主义制度尽管会发生一些变化,但"资本主义的根本逻辑仍然没有改变,它的历史可以区分为以一系列的特殊的阶级关系、技术、国家政策和国际结构为特征的不同阶段"。[1] 格利恩的这一界说,大体勾画了20世纪西方自称为或被称为马克思主义经济学家或马克思主义经济学派的基本理论取向。

20世纪60年代以前,传统西方经济学理论认为:经济发展意味着国家财富增加和劳动生产增加以及人均国民生产总值提高。20世纪60年代后,这种观点受到了国家现实的若干挑战。一些

---

[1] 约翰·伊特韦尔,等.新帕尔格雷夫经济学辞典·马克思经济学卷[M].英文版.伦敦:麦克米伦出版社,1990:274.

国家人均国民生产总值迅速增长,但其社会、政治和经济结构并未得到相应改善,贫困和收入分配不公正的情况仍十分严重。因此,经济学家把经济发展同经济增长区别开来。前者具有更加丰富的内涵,不仅涉及物质增长,而且涉及社会、经济制度以及文化的演变。既抓紧经济规模在数量上的扩大,还着重于经济活动效率的改进,同时又是一个长期、动态的进化过程。

1958年,美国经济学家金德尔伯格在《经济发展》一书中认为经济发展的一般定义包括:物质福利的改善,尤其对贫困线以下的人而言;根除民众的贫困和与此关联的文盲、疾病及过早死亡;改变投入与产出的结构,包括把生产的基础结构从农业转向工业;实现适龄劳动人口的生产性就业,而不是只由少数具有特权者来组织经济活动;相应使具备广泛基础的利益集团更多地参与决策,以增进公众福利。经济学家们还设计了许多衡量经济发展的尺度,如人均收入、文盲率、平均寿命、人均每天蛋白质消耗量、医生在每千人中所占的比例,以及人均能源消耗量等,丰富了经济发展的内涵。作为20世纪60年代初出现于欧洲和美国的一个跨学科新领域,"发展"研究有广义和狭义之分。前者从全球角度阐明各国、各地区社会经济发展的历史与现状,探讨社会变迁的一般规律。后者以相对贫困的第三世界发展中国家政治、经济、社会、文化的发展问题为对象,探讨其现代化的理论、模式、战略方针乃至具体政策。大致有"现代化理论""依附论""世界体系论"三个不同学派,从不同角度对第三世界国家的发展问题作出解释。"现代化理论"着重探讨内部因素在从"传统社会"向"现代社会"转变过程中的决定性作用。这些国家接受西方发达国家的先进技术、文化价值观后,势必重复发达国家的历史道路。"依附论"认为第三世界国家欠发达的主要原因在于殖民主义和"依附性"。认为这些国家有迥异的发展起始点和特殊的国际环境,不可能沿袭西方工业化国家的历史老路,应走独立自主的发展道路。"世界体系论"把世界分为中心、边陲和半边陲三个部分,主要探讨各部分的发展特点及其相互关系。

经济发展理论以发展中国家经济发展为研究对象,而发展中国家的经济发展问题自第二次世界大战以来一直是当今世界经济学家们关注和讨论的焦点。20世纪80年代后,现代经济发展理论进入了一个新的发展时期,许多新的理论与模型相继出现,主要有新经济增长理论、新制度主义、寻租理论、可持续发展理论等。这些理论明显地不同于此前的经济发展理论,因为在这一时期,发展经济学呈现了融合的趋势,包括发展经济学与主流经济学、社会学、政治学、法学、伦理学等学科的融合,以及经济发展理论内部各学派之间的融合。

第二章
现代化经济体系的价值与目标

第一节　现代化经济体系的价值

建设现代化经济体系,既是一个重大理论命题,更是一个重大实践课题。因此,现代化经济体系建设的价值,包括理论价值和实践价值。

一、现代化经济体系建设的理论价值

(一)现代化经济体系建设是贯彻新发展理念的应有之义

新发展理念的提出,旨在解决我国当下及今后一个时期面临的社会主要矛盾,更好满足人民日益增长的美好生活需要,促进经济健康持续、高质量发展。习近平总书记指出:"理念是行动的先导,一定的发展实践都是由一定的发展理念来引领的。发展理念是否对头,从根本上决定着发展成效乃至成败。实践告诉我们,发展是一个不断变化的进程,发展环境不会一成不变,发展条件不会一成不变,发展理念自然也不会一成不变。"[①]创新、协调、绿色、开

---

① 习近平.在党的十八届五中全会第二次全体会议上的讲话[J].求是,2016(1).

第二章
现代化经济体系的价值与目标

放、共享的新发展理念符合我国国情,顺应时代要求,从而成为把握新发展阶段、构建新发展格局的行动指南。

面对时代赋予我国的新挑战,党中央提出以建设现代化经济体系为战略目标,转变经济发展方式、优化经济结构、转换经济增长动力。作为由社会经济活动各个环节、各个层面、各个领域的相互关系和内在联系构成的有机整体,现代化经济体系从七个角度出发,以七大体系的发展规划,完整、准确、全面地反映了新发展理念。坚持现代化经济体系建设,是以正确发展理念指导发展实践的具体表现,也是将新发展理念落到实处的题中应有之义。

(二)现代化经济体系建设丰富和发展了马克思主义生产力价值目标理论

生产力是一切社会发展的最终决定力量。马克思指出:未来新社会"社会生产力的发展将如此迅速……生产将以所有的人富裕为目的"。马克思认为,在生产劳动过程中参与使用价值创造的劳动者、生产资料、劳动工具及科学技术等诸要素中,只有劳动者的抽象劳动才创造价值。人是整个社会生产活动的主体,社会生产活动是以人为目的,即以保障人的生存和发展为目的。因此,生产力发展是以人为基础又以人为目的的社会生产活动。恩格斯说,"由社会全体成员组成的共同联合体来共同地和有计划地利用生产力;把生产发展到能够满足所有人的需要的规模;结束牺牲一些人的利益来满足另一些人的需要的状况;彻底消灭阶级和阶级对立;通过消除旧的分工,通过产业教育、变换工种、所有人共同享受大家创造出来的福利,通过城乡的融合,使社会全体成员的才能得到全面发展"。[①] 人人都能自由地发展、全面地发展、自由地发挥作用、自由地享受联合体的成果,这是发展生产力要达到的目标,

---

① 马克思恩格斯文集:第1卷[M].北京:人民出版社,2009:689.

也是马克思和恩格斯毕生追求的生产力价值的终极目标。随着我国生产力水平跃进到一个新的发展阶段,社会主要矛盾也转化为人民日益增长的美好生活需要和不平衡不充分发展之间的矛盾。建设现代化经济体系中的"深化供给侧结构性改革""加快建设创新型国家""实施乡村振兴战略""实施区域协调发展战略",都是为了"更好满足广大人民日益增长、不断升级和个性化的物质文化和生态环境需要,从而实现社会主义生产目的",满足人的自由全面发展需要,实现生产力价值目标。

深化供给侧结构性改革,提高供给体系质量,更大限度地满足人民日益增长的美好生活需要,为人的全面自由发展提供丰富的物质资料,实现生产力价值目标。以习近平同志为核心的党中央根据我国经济进入高质量发展阶段的现状,提出当前和今后一个时期要加大供给侧结构性改革力度。他指出,"供给侧结构性改革,重点是解放和发展社会生产力,用改革的办法推进结构调整,减少无效和低端供给,扩大有效和中高端供给,增强供给结构对需求变化的适应性和灵活性,提高全要素生产率。"[①]产品的供给和需求是市场经济内在关系的两个基本方面,"没有需求,供给就无从实现,新的需求可以催生新的供给;没有供给,需求就无法满足,新的供给可以创造新的需求"。供给侧是制约我国生产力发展供需因素中的矛盾主要方面,其结构性改革的重点是通过"关停并转"过剩产能和低效率企业,促进生产要素流动和优化再配置,以实现更高效率、更高水平的供需平衡。供给侧结构性改革在注重产品供给的同时还更加注重制度供给,不断健全公平的收入分配制度和社会保障制度,完善公共服务和共享机制,促进人民群众共享改革发展的成果,实现生产力价值目标和生产力水平的整体跃升。

---

① 习近平.在省部级主要领导干部学习贯彻党的十八届五中全会精神专题研讨班上的讲话[N].人民日报,2016-05-10.

第二章
现代化经济体系的价值与目标

加快建设创新型国家,以创新引领生产力发展,以创新服务于广大人民群众,为人的全面自由发展提供高质量的创新产品和服务,实现生产力价值目标。习近平总书记指出:"创新是引领发展的第一动力,是建设现代化经济体系的战略支撑。"全面深化改革,无论是制度变革,还是结构优化、要素升级,其核心都是创新。"长期以来主要依靠资源、资本、劳动力等要素投入支撑经济增长和规模扩张的方式已不可持续,我国发展正面临着动力转换、方式转变、结构调整的繁重任务。"要完成这些任务,必须加快创新驱动发展,通过实现持续性的结构优化调整,不断探索出更高效率的要素组合方式以驱动经济增长。习近平总书记说,我们"需要依靠更多更好的科技创新为经济发展注入新动力","需要依靠更多更好的科技创新实现经济社会协调发展","需要依靠更多更好的科技创新建设天蓝、地绿、水清的美丽中国","需要依靠更多更好的科技创新保障国家安全"。科技创新作为我国发展全局的牛鼻子,不仅服务于经济社会发展,还服务于广大人民群众;不仅提高社会发展水平,还改善人民生活、增强人民素质。

实施乡村振兴和区域协调发展战略,缩小城乡、区域差距,使城乡居民都能自由全面发展,实现生产力价值目标。作为农业、农村供给侧结构性改革重要举措的乡村振兴战略是建设现代化经济体系的基础,区域协调发展战略是建设现代化经济体系的布局路径。只有坚定实施乡村振兴、区域协调发展战略,大力发展农村生产力,着力解决农业农村"短腿""短板",缩小城乡差距,才能有效解决城乡和区域之间的不平衡不充分发展问题;只有坚定实施乡村振兴、区域协调发展战略,形成工农互促、城乡互补、全面融合、共同繁荣的新型工农城乡关系,统筹城乡发展空间,建设协调联动的城乡区域发展体系,才能实现城乡融合发展、区域优势互补的良性互动,推进城乡区域协调发展新格局的形成;只有坚定实施乡村振兴、区域协调发展战略,把乡村建设和城镇建设摆在同等重要的位置,坚持工业、农业和城市、农村一起抓,才能在实现新型工业化、信息化、城镇化的进程中同步实现农业农村现代化;只有坚定实施乡村振兴、区域协调发展战略,始终以人民为中心,推动城乡要素自由流动、平等交换,才能为乡村振兴、区域发展注入新的动能、新的资源,推动包容性、普惠性发展的实现,更好地满足城乡人民日益增长的美好生活需要,最终实现共同富裕和城乡居民自由全面发展的生产力发展价值目标。

建设资源节约、环境友好的绿色发展体系,为人民创造更好的生存生活和自身发展的环境,实现生产力价值目标。人们对美好生活的需要和人的全面发展要求是内在统一的。在人民对美好生活的需要中,既有满足生理、生长、生命所必要的物质需求,也有人们对优质的文化教育、稳定的就业保障、和谐的人际关系、优美的生态环境等精神方面促进人的全面发展的追求。

二、现代化经济体系建设的实践价值

(一)现代化经济体系建设是适应新发展阶段的现实需求

国家强,经济体系必须强。只有形成现代化经济体系,才能更好顺应现代化发展潮流、赢得国际竞争主动,也才能为其他领域现代化提供有力支撑。从国内看,我国经济发展进入新常态,呈现增速转轨、结构转型、动能转换的特点。同时,长期积累的结构性矛盾仍然突出。从国际看,当今时代正面临百年未有之大变局,保护主义、单边主义、民粹主义和逆全球化思潮抬头。加快现代化经济体系建设,是促进我国经济高质量发展、构建新发展格局、适应新发展阶段的现实需求,更是确保全面建设的社会主义现代化强国目标如期实现的重要保障。

党的二十大报告指出:"高质量发展是全面建设社会主义现代

化国家的首要任务。发展是党执政兴国的第一要务。没有坚实的物质技术基础,就不可能全面建成社会主义现代化强国……要坚持以推动高质量发展为主题,把实施扩大内需战略同深化供给侧结构性改革有机结合起来,增强国内大循环内生动力和可靠性,提升国际循环质量和水平,加快建设现代化经济体系,着力提高全要素生产率,着力提升产业链供应链韧性和安全水平,着力推进城乡融合和区域协调发展,推动经济实现质的有效提升和量的合理增长。"现代化经济体系建设,应当满足新发展阶段对物质技术基础提出的新要求,也就是应当在创新体系、市场体系、经济体制、产业体系、绿色发展体系、共享发展体系、城乡区域发展体系和全面开放体系八个方面取得新的突破,达到新的层次,实现全面发展。

(二)现代化经济体系是构建新发展格局的必然选择

我国的发展目前虽然仍然处于重要战略机遇期,但机遇和挑战都有新的变化。我们遇到的诸多问题是中长期的,不少问题以前未曾经历,需要从战略角度深化认识和有效应对。从某种意义上说,化解挑战就是机遇。《中共中央关于制定国民经济和社会发展第十四个五年规划和二〇三五年远景目标的建议》提出加快构建新发展格局,这是以习近平同志为核心的党中央根据我国新发展阶段、新历史任务、新环境条件作出的重大战略决策,是习近平新时代中国特色社会主义经济思想的又一重大理论成果。

构建以国内大循环为主体、国内国际双循环相互促进的新发展格局,关键在于实现经济循环流转和产业关联畅通。根本要求是提升供给体系的创新力和关联性,解决各类"卡脖子"和瓶颈问题,畅通国民经济循环。而做到这一点,必须深化改革、扩大开放、推动科技创新和产业结构升级。要以实现国民经济体系高水平的完整性为目标,突出重点,抓住主要矛盾,着力打通堵点,贯通生产、分配、流通、消费各环节,实现供求动态均衡。针对这一问题,党的十九届五中全会提出了三方面的要求,即"紧紧扭住扩大内需这个战略基点""牢牢坚持供给侧结构性改革这个战略方向""用好改革开放这个关键一招"。实现这三个方面的要求,都需要通过建设现代化经济体系的具体路径才能落地。

首先,扩大内需,畅通国内大循环,需要在新发展理念视域下建设现代化经济体系。要扩大内需,既要继续坚持以经济建设为中心,通过建设创新引领、协同发展的产业体系,加快培育新动能和新增长点,持续推动经济增长和"做大蛋糕",从而使人均国内生产总值达到中等发达国家水平,不断增强居民消费和投资能力;又要通过建设体现效率、促进公平的收入分配体系,切实调整收入分配关系以"分好蛋糕",不断扩大中等收入人群规模,提高低收入人群收入水平,最大限度地激发消费需求。要畅通国内大循环,必须加快建设统一开放、竞争有序的现代市场体系和彰显优势、协调联动的城乡区域发展体系,贯通生产、分配、流通、消费各环节,打破行业垄断和地方保护,形成国内市场和生产主体、经济增长和就业扩大、金融和实体经济的良性循环。

其次,坚持供给侧结构性改革,把深化供给侧结构性改革同实施扩大内需战略有机结合起来,以创新驱动、高质量供给引领和创造新需求需要在新发展理念视域下建设现代化经济体系。一方面,坚持把发展经济的着力点放在实体经济上,坚定不移建设制造强国、质量强国、网络强国、数字中国,推进产业基础高级化、产业链供应链现代化,提高经济质量效益和核心竞争力,从而进一步增强有效供给和需求;另一方面,要推动金融、房地产同实体经济的均衡发展,实现上下游、产供销有效衔接,促进农业、制造业、服务业、能源资源等产业门类的关系协调。

再次,坚持改革开放,促进国内国际双循环需要在新发展理念视域下建设现代化经济体系。一是坚持和完善社会主义基本经济制度,充分发挥市场在资源配置中的决定性作用,更好发挥政府作用,推进土地、劳动力、资本、技术、数据等要素市场化改革,破除妨碍生产要素市场化配置和商品服务流通的体制机制障碍,降低全社会交易成本,为国内大循环和国内国际双循环畅通提供有力的制度支撑;二是立足国内大循环,发挥比较优势,协同推进强大国内市场和贸易强国建设,以国内大循环吸引全球资源要素,充分利用国内国际两个市场两种资源,积极促进内需和外需、进口和出口、引进外资和对外投资协调发展,促进国际收支基本平衡;三是完善内外贸一体化调控体系,促进内外贸法律法规、监管体制、经营资质、质量标准、检验检疫、认证认可等诸方面的衔接,推进同线同标同质;四是加快建设多元平衡、安全高效的开放经济体系,坚定不移地全面扩大开放,释放开放潜能,让中国市场成为世界的市场、共享的市场、大家的市场,为国际经济发展注入更多正能量。

(三)现代化经济体系建设是坚持人民中心导向的价值遵循

"天地之大,黎元为本。"进入中国特色社会主义新时代,我国社会主要矛盾呈现为人民日益增长的美好生活需要和不平衡不充分发展之间的矛盾。党中央关于"十四五"规划和2035年远景目标的建议强调:"坚持以人民为中心。坚持人民主体地位,坚持共同富裕方向,始终做到发展为了人民、发展依靠人民、发展成果由人民共享,维护人民根本利益,激发全体人民积极性、主动性、创造性,促进社会公平,增进民生福祉,不断实现人民对美好生活的向往。"现代化经济体系建设,立足于协调发展与共享发展,致力于全面建成富强民主文明和谐美丽的社会主义现代化强国,必须始终以人民为中心的价值导向,不断增进民生福祉,促进人民的全面发展和共同富裕,让现代化建设成果更多更公平惠及全体人民。

坚持以人民为中心是现代化经济体系建设的核心特征和价值

取向。一方面,现代化经济体系建设强调发展为了人民,致力于推动生产关系现代化,改革同生产力发展不适应的生产关系和上层建筑,以构建政商和谐、竞争充分、环境良好的市场体系,良性发展、物价稳定、就业稳定、宏观调控有度的经济体制等为着力点。另一方面,现代化经济体系建设强调发展依靠人民,致力于推动生产力现代化,尊重群众首创精神,提高劳动力、资本、技术等资源要素的质量,抓住新一轮世界科技革命和产业革命的重大机遇,以构建创新动力发展、创新人才培养、创新水平提升的创新体系,资源节约、环境友好的绿色发展体系等为着力点。

(四)现代化经济体系建设是实现中国式现代化的关键任务

党的十八大以来,经过理论与实践层面上的创新突破,我国成功推进并拓展了中国式现代化。党的二十大报告指出:"从现在起,中国共产党的中心任务就是团结带领全国各族人民全面建成社会主义现代化强国、实现第二个百年奋斗目标,以中国式现代化全面推进中华民族伟大复兴。"作为全面适应社会主义现代化强国要求的经济体系,现代化经济体系建设是实现中国式现代化的关键任务,也是中华民族伟大复兴事业的必经之路。

党的二十大后的未来五年是全面建设社会主义现代化国家开局起步的关键时期,其在经济建设方面的主要目标任务是:经济高质量发展取得新突破,科技自立自强能力显著提升,构建新发展格局和建设现代化经济体系取得重大进展。现代化经济体系建设贯彻新发展理念、适应新发展阶段、坚持以人民为中心的价值导向,是经济取得高质量发展的突破口,也是提升创新、科技自立自强的支撑点,更是构建新发展格局的行动指南。现代化经济体系建设是实现中国式现代化的关键任务。为了更好地以中国式现代化全面推进中华民族伟大复兴,必须稳步推进现代化经济体系建设,在现代化经济体系建设上取得扎实的成果。

第二节　现代化经济体系的建设目标

一、现代化经济体系建设的具体要求

完整、准确、全面贯彻新发展理念，是建设现代化经济体系的重要遵循。贯彻创新发展理念，着力实施创新驱动发展战略，使创新成为建设现代化经济体系的主要动力，以科技创新促进产业结构优化，这样才能推动经济发展质量变革、效率变革、动力变革，提高全要素生产率。贯彻协调发展理念，坚持实施区域重大战略、区域协调发展战略、主体功能区战略和新型城镇化战略，才能进一步构建有利于高质量发展的区域经济布局和产业分工协作体系。贯彻绿色发展理念，深入实施可持续发展战略，完善生态文明领域统筹协调机制，构建生态文明体系，才能促进经济社会发展全面绿色转型，建设人与自然和谐共生的现代化。贯彻开放发展理念，建设多元平衡、安全高效的全面开放体系，才能大大增强现代化经济体系的国际竞争力。贯彻共享发展理念，坚持以人民为中心的发展思想，扎实推进共同富裕，才能充分调动最广大人民群众的积极性和创造力，使现代化经济体系具有源源不断的动力和活力。

加快构建新发展格局、全面畅通经济循环，是建设现代化经济体系的必由之路。未来，经济全球化仍是世界经济发展的客观要求和必然趋势。在这个大背景和大趋势下，以扩大内需为战略基点，加快形成新发展格局，充分发挥我国超大规模市场优势和内需潜力，吸引外资、跨国企业参与到国内经济循环体系活动中来，有助于加快提升我国经济体系现代化水平。加快构建新发展格局，建设现代化经济体系，需要我们更加积极参与国际分工合作，坚持进口与出口并重、利用外资与对外投资相协调，增强国内国际两个市场、两种资源的黏合度,加快实现由商品和要素流动型开放向规则等制度型开放转变,提升投资和贸易便利化水平,不断优化营商环境,促进资金、技术、人才、管理等生产要素的国际交流与合作,努力打造具有国际竞争力的开放型经济新体制。

深化供给侧结构性改革、优化需求侧管理,是建设现代化经济体系的重要抓手。目前,我国经济体系存在的短板和主要问题,既有供给端的问题,也有需求端的问题。建设现代化经济体系,既要继续深化供给侧结构性改革,又要优化需求侧管理,只有供需两端同时发力,才能从根本上解决好经济体系中供需错配问题。要坚持以深化供给侧结构性改革为主线,用改革的办法深入推进"三去一降一补",提高供给结构适应性和灵活性,使经济供给体系更好地适应需求结构变化。要以实施需求侧管理为重要抓手,充分发挥我国超大规模市场优势,着力打通生产、分配、流通、消费各个环节堵点,优化需求结构,引导和创造新的需求,形成释放内需潜力的可持续动力,实现更高水平的供需动态平衡。

实施产业基础再造和产业链提升工程,是建设现代化经济体系的基础所在。产业体系是经济体系生产环节中的重要内容,是经济体系的物质基础和内核。现代产业体系是由处于全球价值链中高端、高附加值、技术和知识密集型的产业组成,代表着未来产业升级和经济结构调整方向。"十四五"规划和2035年远景目标纲要把"产业基础高级化、产业链现代化水平明显提高"作为"十四五"时期经济社会发展主要目标之一。我国作为"世界工厂"以及全球产业链的重要组成部分,要紧紧抓住新一轮科技革命和产业变革的机遇,立足我国产业发展实际,通过优化主导产业链条、构建协同创新体系、完善产业发展环境、推动产业融合发展等举措,统筹推进产业链供应链补短板、锻长板。要充分发挥我国产业规模优势、配套优势和部分领域先发优势,加快培育"专精特新"企

第二章
现代化经济体系的价值与目标

业,推动我国产业发展迈向全球产业链、价值链中高端,建设具有国际竞争力的产业体系。

推动数字经济发展,是建设现代化经济体系的重要方向。当前,大国竞争背景下的数字技术革命正在加速演进,全球主要国家纷纷在产业数字化领域加强战略部署,通过政策引领、科技创新、人才培养等措施,持续推动传统产业数字化转型,实现产业结构优化升级。无论从长远发展还是现实需要看,建设现代化经济体系都要正确认识和准确把握全球产业数字化转型发展趋势,抢抓数字技术和数字经济发展新机遇,牢牢掌握数字产业发展主动权。通过改革创新加快推进我国产业数字化转型,促进数字经济与实体经济深度融合。与此同时,还要进一步降低生产和服务成本,提高全要素生产率和产品附加值,着力培育新的竞争优势和经济增长点,有效提升我国产业竞争力和现代化经济体系竞争力。

聚焦"双碳"目标发展低碳经济,是建设现代化经济体系的目标任务。一个国家的经济体系要在国际上具有竞争力,除了能够向世界提供高品质产品和服务外,还要符合绿色、环保、安全、健康的环境友好标准,满足生态文明建设要求。聚焦"双碳"目标发展低碳经济,不仅是中国对世界的承诺和应对气候变化负责任的举措,也是新发展阶段建设现代化经济体系的重大战略目标任务之一。建设现代化经济体系,既要把绿色低碳发展作为价值引领和"硬约束",又要把绿色低碳发展作为发展机遇和动力,通过政策引领、技术创新、制度保障、产业升级等措施,促进绿色低碳技术应用,加快构建绿色低碳的产业体系。同时还要清醒地认识到,实现碳达峰碳中和目标是一项长期重大战略,要有效防止将"双碳"目标短期化和碎片化,避免采取激进式、运动式减碳和"一刀切"措施,要将长远目标和现实条件有机结合起来,保持战略定力,切实聚焦"双碳"目标发展低碳经济,助力建设现代化经济体系。

二、现代化经济体系建设的具体目标

现代化经济体系建设,服务于中国式现代化建设,总目标是全面建成社会主义现代化强国,实现中华民族伟大复兴的中国梦。作为开启全面建设社会主义现代化国家新征程的重大任务,现代化经济体系建设肩负着短期打破局面和为长远谋篇布局的双重职责,有着高度的急迫感与复杂性。因此,找准理论抓手、准确理解现代化经济体系建设的目标是至关重要的。

本研究坚持以创新、协调、绿色、发展、开放、共享的新发展理念为理论抓手,结合习近平总书记的相关重要论述及相关学者的研究成果,在新发展理念视域下解释并分析现代化经济体系的建设目标。应当注意的是,五大新发展理念和现代化经济体系建设均为有着高度系统性、复杂性的有机整体,彼此之间融会贯通,需要一体建设、一体推进,并非可以单独抽离出某些方面,独立去理解的。为了便于学术研究和理解评价,需要在充分把握其要义的基础上对其进行重构和二次梳理,但不应以此为据简单化认识现代化经济体系建设、片面化理解现代化经济体系的建设目标。

关于现代化经济体系建设目标的论述,习近平总书记在十九届中央政治局第三次集体学习中,通过现代化经济体系的机理和作用机制的高度展开,从七个方面论述了现代化经济体系建设。现代化经济体系建设的目标也可依此七个方面进行阐述如下。

第一是要建设创新引领、协同发展的产业体系。这是现代化经济体系的基础和核心。

创新引领、协同发展的产业体系是提高我国经济综合竞争力的关键举措,是现代化经济体系的基础和核心。习近平总书记打破了从一、二、三产业门类视角认识和推动产业体系调整的传统分析框架,创新性地构建了一个实体经济、科技创新、现代金融、人力

第二章
现代化经济体系的价值与目标

资源协同发展的产业体系,并进一步指出,要"使科技创新在实体经济发展中的贡献份额不断提高,现代金融服务实体经济的能力不断增强,人力资源支撑实体经济发展的作用不断优化"。这种基于生产要素投入角度的全新分析框架,能够避免产业体系分割所造成的失衡,是对产业经济理论的重大创新。其中,实体经济是产业体系的根基。习近平总书记指出:"实体经济是我国经济的命脉所在。"①实体经济是转变经济发展方式、优化经济结构、转换经济增长动力的中坚力量。建设现代化经济体系,必须把发展经济的着力点放在实体经济上。科技创新是实体经济发展的动力,是提升一国潜在经济增长率的动力源泉。习近平总书记多次强调:"创新是引领发展的第一动力,是建设现代化经济体系的战略支撑。"现代金融是实体经济的血脉。习近平总书记多次强调金融要为实体经济服务。一方面,发挥自身的资源配置作用,满足实体经济多元化融资需求;另一方面,发挥宏观调控作用,为实体经济创造良好金融环境。人力资源是实体经济的支撑。从数量来看,人力资源供给数量增加可以促进劳动分工,劳动分工带来的规模效应会进一步带动总产出增加;从结构来看,合理的人力资源结构意味着更高的劳动参与率,高劳动参与率则对应着高储蓄率和高投资率,相应的实体经济发展速度也会更快。

因此,建设创新引领、协同发展的产业体系,要把发展经济的着力点放在实体经济上,推进新型工业化,加快建设制造强国、质量强国、航天强国、交通强国、网络强国、数字中国。实施产业基础再造工程和重大技术装备攻关工程,支持"专精特新"企业发展,推动制造业高端化、智能化、绿色化发展。巩固优势产业领先地位,在关系安全发展的领域加快补齐短板,提升战略性资源供应保障

---

① "陕西要有勇立潮头、争当时代弄潮儿的志向和气魄"——习近平总书记陕西考察纪实[N].人民日报,2020-04-05.

能力。推动战略性新兴产业融合集群发展,构建新一代信息技术、人工智能、生物技术、新能源、新材料、高端装备、绿色环保等一批新的增长引擎。构建优质高效的服务业新体系,推动现代服务业同先进制造业、现代农业深度融合。加快发展物联网,建设高效顺畅的流通体系,降低物流成本。加快发展数字经济,促进数字经济和实体经济深度融合,打造具有国际竞争力的数字产业集群。优化基础设施布局、结构、功能和系统集成,构建现代化基础设施体系。加快实现实体经济、科技创新、现代金融、人力资源协同发展,使科技创新在实体经济发展中占到更高的贡献份额,现代金融服务实体经济的能力更强健,人力资源支撑实体经济发展的作用得到进一步优化。

本研究认为,在作为基础与核心的产业体系建设论述中,实体经济发展是其本体,现代服务业、人力资源发展则为其提供了重要支撑作用,而科技创新不仅作为其中一环,更为其注入了主要的推动力。作为新发展理念中的首要要素,创新发展着眼于发展的动力问题。因此,在理解和评价现代化经济体系建设目标中,可以将创新体系的现代化放在重要高度,将其视作现代化经济体系的动力机制来讨论。

第二是要建设统一开放、竞争有序的市场体系。这是现代化经济体系配置资源的主要机制。

市场体系的统一开放、竞争有序是现代化经济体系的规则要求。习近平总书记强调现代化市场体系要"实现市场准入畅通、市场开放有序、市场竞争充分、市场秩序规范"。统一开放的市场体系能够使得商品和各类生产要素在全国范围内顺畅通达,从而达到资源的优化配置,有利于形成优势互补、整体协调、循环畅通的市场体系。统一开放为竞争有序创造前提和条件。习近平总书记指出:"我国社会主义市场经济体制已经初步建立,但仍存在不少问题,主要是市场秩序不规范,以不正当手段谋取经济利益的现象

第二章
现代化经济体系的价值与目标

广泛存在。"①竞争有序是市场经济的本质要求,也是市场机制发挥作用的必要条件。在市场竞争机制作用下,为适应供需结构变化,各经济主体的决策会更具科学性和灵活性,从而更加合理地配置生产要素。有序是竞争机制发挥作用的规则要求,市场主体的竞争行为一定是基于统一规则基础上的有序竞争,特别是在平等保护产权、平等使用生产要素、平等参与市场竞争等方面应处理好各市场主体间的经济关系。

具体而言,建设统一开放、竞争有序的市场体系,就是实现市场准入畅通、市场开放有序、市场竞争充分、市场秩序规范。深化简政放权、放管结合、优化服务改革。构建全国统一大市场,深化要素市场化改革,建设高标准市场体系。完善产权保护、市场准入、公平竞争、社会信用等市场经济基础制度,优化营商环境。健全宏观经济治理体系,发挥国家发展规划的战略导向作用,加强财政政策和货币政策协调配合,着力扩大内需,增强消费对经济发展的基础性作用和投资对优化供给结构的关键作用。健全现代预算制度,优化税制结构,完善财政转移支付体系。深化金融体制改革,建设现代中央银行制度,加强和完善现代金融监管,强化金融稳定保障体系,依法将各类金融活动全部纳入监管,守住不发生系统性风险底线。健全资本市场功能,提高直接融资比重。加强反垄断和反不正当竞争,破除地方保护和行政性垄断,依法规范和引导资本健康发展。只有建立这样的市场体系,才能给企业提供自主经营、公平竞争的优良环境,才能给消费者创造自由选择、自主消费的空间,才能实现商品和要素自由流动和平等交换,为高质量发展奠定微观基础。

第三是要建设体现效率、促进公平的收入分配体系。这是现

---

① 习近平.关于《中共中央关于全面深化改革若干重大问题的决定》的说明[N].人民日报,2013-11-16。

代化经济体系的激励和平衡机制。分配制度是促进共同富裕的基础性制度。建设体现效率、促进公平的收入分配体系的关键在于处理好公平与效率的关系。我国改革开放后,针对过去平均主义"吃大锅饭"所导致的抑制生产积极性和低效率的弊端,非常重视效率的提升。党的十三大报告指出:"我们的分配政策,既要有利于善于经营的企业和诚实劳动的个人先富起来,合理拉开收入差距,又要防止贫富悬殊,坚持共同富裕的方向,在促进效率提高的前提下体现社会公平。"党的十五大报告提出:"坚持效率优先,兼顾公平,有利于优化资源配置,促进经济发展,保持社会稳定。"党的十六大报告提出:"初次分配注重效率,发挥市场作用,鼓励一部分人通过诚实劳动、合法经营先富起来。再分配注重公平,加强政府对收入分配的调节职能,调节差距过大的收入。"在更为强调效率的政策指引下充分释放经济活力,产生的显著经济增长效应带来了人民收入的普遍提高,但收入分配秩序不规范、收入差距扩大等问题日渐显现。鉴于此,习近平总书记强调必须完善收入分配制度,坚持按劳分配为主体、多种分配方式并存的制度,把按劳分配和按生产要素分配结合起来,处理好政府、企业、居民三者分配关系。党的十九大报告提出:"必须坚持和完善我国社会主义基本经济制度和分配制度。"党的十九届四中全会创造性地将按劳分配为主体、多种分配方式并存与公有制为主体、多种所有制经济共同发展,社会主义市场经济体制并列,上升为社会主义基本经济制度。"建设体现效率、促进公平的收入分配体系"。党的二十大报告指出,扎实推进共同富裕,完善分配制度,构建初次分配、再分配、第三次分配协调配套的制度体系。这意味着以习近平同志为核心的党中央对公平和效率关系的认识不断深化,体现了强烈的以现实问题为指向的辩证唯物主义思想。

  收入分配体系的现代化是落实共享发展理念的重要一环。在建立现代化收入分配体系的同时,健全社会保障体系,推进健康中

第二章
现代化经济体系的价值与目标

国建设。促进公共资源的合理共享,以互联网为主的科技发展成果共享,医疗普及、国民教育水平提升的共享等也是实现共享发展的应有之义。这些方面的现代化建设,可以一并视作共享发展体系的现代化。

因此,建设体现效率、促进公平的收入分配体系,要坚持按劳分配为主体、多种分配方式并存,构建初次分配、再分配、第三次分配协调配套的制度体系。努力提高居民收入在国民收入分配中的比重,提高劳动报酬在初次分配中的比重。坚持多劳多得,鼓励勤劳致富,促进机会公平,增加低收入者收入,扩大中等收入群体。完善按要素分配政策制度,探索多种渠道增加中低收入群众要素收入,多渠道增加城乡居民财产性收入。加大税收、社会保障、转移支付等方面的调节力度。完善个人所得税制度,规范收入分配秩序,规范财富积累机制,保护合法收入,调节过高收入,取缔非法收入。引导、支持有意愿有能力的企业、社会组织和个人积极参与公益慈善事业。形成公平合理的收入分配关系,推进基本公共服务均等化,逐步实现全体人民共同富裕。这是现代化经济体系的重要标志。

第四是要建设彰显优势、协调联动的城乡区域发展体系。这是现代化经济体系在空间布局方面的体现。

彰显优势、协调联动的城乡区域发展体系是现代化经济体系的空间特征。习近平总书记指出:"协调既是发展手段又是发展目标,同时还是评价发展的标准和尺度,是发展两点论和重点论的统一,是发展平衡和不平衡的统一,是发展短板和潜力的统一。"[①]我们应充分发挥统筹规划、协调发展的内在优越性,促进城乡区域协调发展。2020年7月30日,习近平总书记在主持中共中央政治局

---

① 习近平.聚焦发力贯彻五中全会精神 确保如期全面建成小康社会[N].人民日报,2016-01-19.

第二十二次集体学习时指出:"推进城乡发展一体化,是工业化、城镇化、农业现代化发展到一定阶段的必然要求,是国家现代化的重要标志。"城乡协调发展问题已不仅是一个关系到经济结构是否平衡的问题,更是影响国家现代化的重要因素。但就实际情况而言,城乡之间由分离到融合还需要一定的物质和社会条件为前提。随着新一轮科技革命和产业变革加速演进,产业集群加剧了生产要素在各地区间配置的不平衡性,我国的区域政策必须改变过去单一的以提供政策优惠和资金支持为主要手段的做法,以发挥区域比较优势、实现区域间的产业协调发展为目标,优化产业结构。考虑到我国各个区域经济发展的阶段性差别,在选择各区域主导产业时可以根据其自身实际经济发展情况而有所侧重。在全面建设社会主义现代化国家新征程中推进城乡区域一体化发展是一个关系全局、关系长远的历史任务,必须加强顶层设计,加强系统谋划,加强体制机制创新,采取有针对性的政策措施,力争不断取得突破性进展,逐步实现彰显优势、协调联动的城乡区域发展体系。

因此,建设彰显优势、协调联动的城乡区域发展体系,要形成国土资源利用效率较高、要素密集程度较大、生态容量适度、城乡融合发展、区域良性互动、陆海统筹整体优化的生产力布局结构,培育和发挥区域比较优势,加强区域优势互补,塑造区域协调发展新格局。推动西部大开发形成新格局,推动东北全面振兴取得新突破,促进中部地区加快崛起,鼓励东部地区加快推进现代化。支持革命老区、民族地区加快发展,加强边疆地区建设,推进兴边富民、稳边固边。推进京津冀协同发展、长江经济带发展、长三角一体化发展,推动黄河流域生态保护和高质量发展。高标准、高质量建设雄安新区,推动成渝地区双城经济圈建设。健全主体功能区制度,优化国土空间发展格局。推进以人为核心的新型城镇化,加快农业转移人口市民化。以城市群、都市圈为依托构建大中小城市协调发展格局,推进以县城为重要载体的城镇化建设。坚持人

第二章
现代化经济体系的价值与目标

民城市人民建、人民城市为人民,提高城市规划、建设、治理水平,加快转变超大特大城市发展方式,实施城市更新行动,加强城市基础设施建设,打造宜居、韧性、智慧城市。发展海洋经济,保护海洋生态环境,加快建设海洋强国。

第五是要建设资源节约、环境友好的绿色发展体系。这是现代化经济体系的生态环境基础。

生态环境为人类的生存和发展提供了必要的物质保障,只有将经济增长与环境保护紧密联系起来,走可持续发展道路,才能在保持生态环境良好发展的基础上实现经济发展。尊重自然、顺应自然、保护自然,是全面建设社会主义现代化国家的内在要求。习近平总书记强调:"要正确处理好经济发展同生态环境保护的关系,牢固树立保护生态环境就是保护生产力、改善生态环境就是发展生产力的理念,更加自觉地推动绿色发展、循环发展、低碳发展,决不以牺牲环境为代价去换取一时的经济增长。"这一重要论述将绿色发展置于保护与发展生产力的突出位置,是新时代我国人民对美好生活的迫切需要,也是经济社会可持续发展的内在要求,是我国经济迈向高质量发展的重要标志。对此,习近平总书记多次强调建设资源节约型、环境友好型社会。一个现代化的经济体系须以建设资源节约型社会为基础和前提,围绕其进行产业结构调整,打造新的经济增长点。

因此,建设资源节约、环境友好的绿色发展体系,就要加快发展方式绿色转型,深入推动环境污染防治,提升生态系统的多样性、稳定型、持续性,积极稳妥推进碳达峰碳中和,积极参与应对气候变化全球治理,实现绿色循环低碳发展、人与自然和谐共生,牢固树立和践行绿水青山就是金山银山理念,形成人与自然和谐发展现代化建设新格局。

第六是要建设多元平衡、安全高效的全面开放体系。这是现代化经济体系与外部世界的联系机制。

高水平的开放体系是深度融入全球分工体系、与世界经济实现良性循环的经济体系。随着我国经济实力不断提高,综合国力持续加强,我国经济的开放水平也稳步提升,多元平衡、安全高效的全面开放体系正在形成。党的十八大报告指出,要发展"互利共赢、多元平衡、安全高效"的开放型经济体系,首次提出了开放型经济体系中的"多元平衡"概念。这主要应从三方面看。第一,市场多元平衡。当前,世界经济和国际市场需求复苏基础仍不稳固,必须进一步推动进口和出口、引进来和走出去等市场多元化。第二,贸易多元平衡。我国既是货物贸易大国,也是服务贸易大国。我国服务业增加值占国内生产总值比重虽然超过50%,但和同等水平经济体相比仍偏低,发掘我国服务贸易在扩大开放中的红利越来越迫切。第三,区域多元平衡。在提升沿海地区开放水平的同时,也要重视加快内陆和沿边开放,在不断增强开放型经济发展的区域多元性中加强开放的平衡性、协调性和可持续性。从"安全"来看,要坚持独立自主与扩大开放有机结合,不断健全开放安全保障体系,为发展开放型经济构筑安全防线。习近平总书记强调:"越是开放越要重视安全,统筹好发展和安全两件大事,增强自身竞争能力、开放监管能力、风险防控能力。"①我国在世界经济中的地位持续上升,同世界经济的联系更加紧密,不但为其他国家提供了广阔市场机会,也成为国际商品和要素资源的巨大引力场。资本、技术、数据等要素和资源的跨境流动规模和频率都会不断加大,要在加强监管能力中提高开放水平,增强抵御外部冲击的能力。从"高效"来看,应切实转变经济发展方式,从追求规模速度向注重质量效益转型,从依赖外源动力向立足内生动力转变,从扩展市场广度向挖掘市场深度转变,从发挥低端要素优势向培育高端

---

① 习近平.在深圳经济特区建立40周年庆祝大会上的讲话[N].人民日报,2020-10-15.

第二章
现代化经济体系的价值与目标

要素新优势提升，充分实现内外循环畅通，推动我国供应链产业链升级和价值链重构，持续提升对外开放的经济效益。

因此，建设多元平衡、安全高效的全面开放体系，就要构建面向全球的高标准自由贸易区网络，加快推进自由贸易试验区、海南自由贸易港建设，共建"一带一路"并使之成为深受欢迎的国际公共产品和国际合作平台。要形成更大范围、更宽领域、更深层次对外开放格局，依托我国超大规模市场优势，促进国际合作，实现互利共赢，推动共建"一带一路"行稳致远，推动构建人类命运共同体。

第七是要建设充分发挥市场作用、更好发挥政府作用的经济体制。这是现代化经济体系的制度基础。

中国建设社会主义市场经济的过程，就是不断探索市场作用和政府作用关系的过程。习近平总书记指出："在市场作用和政府作用的问题上，要讲辩证法、两点论，'看不见的手'和'看得见的手'都要用好，努力形成市场作用和政府作用有机统一、相互补充、相互协调、相互促进的格局，推动经济社会持续健康发展。"① 理论和实践证明，市场是配置资源最有效的方式。市场决定资源配置是市场经济的一般规律。一方面，市场能够通过价格信号传递多样化的经济信息，引导消费者和厂商作出相应的选择，实现要素优化配置；另一方面，在竞争机制的作用下，市场能够让一切劳动、知识、技术、管理、资本的活力竞相迸发，让一切创造社会财富的源泉充分涌流。但市场机制发挥作用是有一定条件的，存在盲目性、自发性以及滞后性等弊端，需要政府发挥积极作用。但如果政府与市场界限模糊，政府过多干预微观经济，就会大大阻碍市场在资源配置中发挥决定性作用。因此，科学的宏观调控和有效的政府治

---

① 以习近平同志为总书记的党中央推动经济社会持续健康发展述评[N].人民日报，2014-08-15.

理,是发挥社会主义市场经济体制优势的内在要求。政府既不能当"甩手掌柜"袖手旁观,也不能当"全能选手"越俎代庖,要在保证市场发挥决定性作用的前提下,管好那些市场管不了或管不好的事情,重点在维持宏观经济调控、维护市场秩序、缩小收入分配差距以及提供公共产品等方面积极有为。

因此,建设充分发挥市场作用、更好发挥政府作用的经济体制,就要坚持和完善社会主义基本经济制度,毫不动摇巩固和发展公有制经济,毫不动摇鼓励、支持、引导非公有制经济发展,充分发挥市场在资源配置中的决定性作用,更好发挥政府作用。深化国资国企改革,加快国有经济布局优化和结构调整,推动国有资本和国有企业做强做优做大,提升企业核心竞争力。优化民营企业发展环境,依法保护民营企业产权和企业家权益,促进民营经济发展壮大。完善中国特色现代企业制度,弘扬企业家精神,加快建设世界一流企业。支持中小微企业发展。深化简政放权、放管结合、优化服务改革。真正做到市场机制有效、微观主体有活力、宏观调控有度。

第三章

现代化经济体系评价指标的构建

第一节 现代化经济体系评价指标的构建原则、方法及逻辑

一、现代化经济体系评价指标的构建原则

现代化经济体系评价指标的构建,需要在对新发展理念的五个方面进行建构的基础上,综合其他学者已有的研究成果来设计,既要满足全面评价不同阶段经济体系建设的水平,又要便于实际操作。因此,必须遵循以下原则:

(1)系统性原则。指标体系是需要强调系统性的,常见的就是找到核心原子指标,然后延伸,最终形成类似二叉树一样的树状结构指标体系,让每个指标"有根可循"。在本研究中,系统性原则是指现代化经济体系评价指标体系的构建具有层次性,不仅能体现创新、协调、绿色、开放和共享五大新发展理念,而且能囊括现代化经济体系的方方面面。现代化经济体系是中国式现代化语境下提出的概念,在内涵上更强调整体性、系统性和协同性。2018年1月30日,习近平总书记主持中共中央政治局第三次集体学习时指出,"现代化经济体系,是由社会经济活动各个环节、各个层面、各

个领域的相互关系和内在联系构成的一个有机整体",要求产业体系、市场体系、收入分配体系、城乡区域发展体系、绿色发展体系、全面开放体系和经济体制一体建设、一体推进。这为建设现代化经济体系指明了方向。因此,系统性原则要求能够自上而下,从宏观到微观,层层深入,形成一个完整的、系统的、不可分割的评价指标体系。

(2)科学性原则。科学性是指指标体系的设置要具有科学性和合理性,要能全面反映经济体系现代化的客观现实,即经济体系现代化的评价指标必须能准确表达经济体系现代化的内涵。因此要求评价指标的建立必须有客观依据,从科学的角度系统而准确地理解和把握经济体系现代化的实质。评价指标是否科学,一方面取决于评价指标是否符合客观实际,符合已被实践证明了的科学理论;另一方面取决于评价指标评价的结果是否能够经受历史的验证。在经济体系现代化评价指标的选择上,还要特别注意评价引导的行为是否符合经济体系现代化的目标,是否对经济增长有促进作用。这就要求现代化经济体系评价指标体系中指标的选择遵循客观实际的原则,能够全面准确合理地反映经济体系现代化的发展水平。

(3)可量化性原则。可量化性原则是构建现代化经济体系评价指标体系的出发点和落脚点,一切指标可量化是本书构建指标体系倡导的核心观念,本书选取的第三级评价指标均可数据化,且数据具有内在实际价值。设计指标体系的目的不是做理论探讨,而是要付诸实施。在设计指标体系时一定要注意指标的信息可取性即可行性,这样的设计方案才可以量化并具体实施。因此,所设计的指标体系尤其是在各指标层,要注意设计的指标对应的指标值能否利用现有的数据或相关指标的数据经过简单的换算而得到。经济体系现代化评价指标体系要尽可能量化,以利于进行统计分析。但对于一些难以量化而又意义重大的指标,也可以用定性方式来描述。需要说明的是，本书对评价指标进行选择时，考虑到定性指标取得数据的难度，暂时未采用定性指标。

（4）简明性原则。如果把上下层次之间的关系比作"隶属关系"，那么同一层次各指标之间则是"专业分工"的关系，它们必须"分工明确"，各自从不同的方面表现目标的价值，不设重复性指标，不设交叉重叠指标。纵向的层次有序性和同一指标层各指标间的独立性相结合，使指标体系层次结构具有严密的逻辑性。评价指标在于精不在于多，在于质不在于量。构建现代化经济体系评价指标体系的初衷就是希望能通过一套简洁有效的指标衡量经济体系现代化的发展水平，本书对指标的选择力求能见微知著，从小指标看现代化经济体系的大问题、大变化和大发展。指标既要全面，即体现出完备性，又要避免彼此交叉而重复出现，还要便于操作，因此指标设计要简明，能够直接反映现代化经济体系的特征。

（5）动态性原则。指标的构建要坚持动静结合的原则，突出动态性的重要地位。动态性主要体现在指标时序的变化性和权重的可调整性上，用发展的眼光看待评价指标体系，以动态趋势构建指标评价体系。经济体系现代化既是一个发展目标，又是一个发展过程，在发展的一定时期内的评价指标体系则应该保持相对稳定，较长时期内评价指标体系应随着发展的进程适时变化。

（6）典型性原则。应尽可能选取具有代表性的指标来反映现代化经济体系发展规律，减少相近指标，避免因指标信息重叠所造成的结果偏差，从而增强测度指标的实用性与针对性。其中，最重要的指标叫作北极星指标。

（7）层次性原则。层次性强调的是系统内部各个部分之间的关系，所以设计的指标体系必须是有序结构，上一层次的指标项目要能全面覆盖下一层次的指标项目，下一层次要完整体现上一层次的本质内容。由于经济体系现代化系统又由产业体系自身发展和其他决定性子系统组成,要描述和评价经济体系现代化程度和状况,就应该在不同层次上选择不同的指标,进而对不同层次的经济体系现代化状况进行评价,即应能够区分影响经济体系现代化的不同层次上的因素,为进一步对影响因素进行分析打下基础。

二、现代化经济体系评价指标的选择方法

选择合适的指标来描述并评价现代化经济体系,可以真实、准确地反映现代化经济体系的不同方面。在统计分析研究中,多指标评价体系中指标选择的方法有很多,概括起来可分为定性和定量两大类。

(一)定性分析选取指标

定性分析选取评价指标的方法就是运用系统思想,根据评价目的,对现代化经济体系的结构进行深入的系统剖析,把评价对象分解成不同的方面,在对每一个方面的属性进行深入分析的基础上提出反映相应方面的各个指标,这些指标组合起来构成指标体系。

20世纪70年代兴起的层次分析法是定性分析选取评估指标的典型代表。其基本思想是充分利用人脑能够将复杂问题逐步简化的特点,首先将一个复杂问题分解成几个大的方面,然后对每个方面进一步分解成更细小的方面,如此层次递进,直至分解成可以用数据直接描述的层次。

层次分析法要求分析人员对评价对象有深入的了解,必须深入评价对象的内部,将评价对象分解成不同的方面,针对这些方面选取最适合的衡量指标。不同的人由于掌握的知识不同、观察角度不同,以及其他一些主观因素的影响,对同一评价对象、同一评价目的往往有不同的分解方法;甚至同一个人在不同时间对同一

评价对象出于同一评价目的的分解方法也不尽相同,选用的指标也有差别,这是这一方法的主要缺陷之一。但这种方法的最大优势是指标与指标之间存在逻辑关系,指标体系能够完整反映评价对象的全貌。不同的人对同一指标体系可以展开充分的讨论,并在对指标的层次结构和指标的选择时进行增删,直至大家取得一致意见。

(二)定量分析选取指标

定量分析选取评价指标的方法就是根据指标间的数量关系,运用数学方法筛选出所需指标的方法。此方法一般包括三个基本步骤。

1. 建立预选评价指标体系

在选取评价指标之前,明确评价对象的基本概念,在定性分析的基础上,选择那些与评价目的相关的指标,构成预选指标集。预选指标集是定量分析的基础,涵盖面比较广,涉及的指标比较多。定量分析就是对预选指标的数量特性进行分析,从而在预选指标中集中选择特性较好的指标构成评价指标体系。

2. 对指标特性进行分析

定量分析选取指标的第二步采用特定方法量化分析各个指标在多大程度上反映了评价对象的状态。常用的方法有隶属度分析、相关分析、主成分分析、因子分析、聚类分析等。隶属度是指元素隶属于某个集合的程度。模糊数学认为,社会经济生活中存在大量模糊现象,其概念的外延不清楚,无法用经典集合论来描述。某个元素对某个集合(概念)来说,不能说是否隶属于而只能说在多大程度上隶属于这个集合(概念)。如果把评估对象视为一个模糊集合,把每个指标视为一个元素,如果能够计算出每个指标相对于评价对象的隶属度,则隶属度的大小在一定意义上指明了该指标刻画评价对象的程度。

3. 确定阈值,筛选指标

根据第二步采用的方法确定一个阈值,保留阈值以上的指标,即可获得一个基本反映原指标集包含的信息量,但指标数量少于原指标集。如利用模糊隶属度方法可确定一个临界值,将隶属度大于这一临界值的指标纳入指标体系。有时,采用一种方法得出的指标体系仍然过于庞大,这时,可以采用另一种方法对指标继续进行筛选,直至获得满意的结果。

根据阈值确定指标的方法,其优点在于,根据指标的客观统计值作出判断,排除了主观因素的干扰,采用相同的数据集、相同的方法能够得到相同的指标体系,也就是说比较客观。指标筛选方法在数学上有严密的论证,理论基础可靠、方法科学。但是,这类方法也有明显的缺陷,主要表现在:

(1)根据阈值确定指标的方法不仅需要收集庞大的初始统计指标数据,而且需要大量的样本数据(即同一套指标体系多个样本点的统计数据)才能对各个指标反映的整体状态水平进行甄别。数据收集与整理的工作量较大。

(2)根据阈值确定指标的方法对指标去留的筛选依赖于数据的质量。比如,地质资料社会化服务工作的开展,尽管延续时间较长,但主要是专业性服务,公开对外或对社会公众开放程度很低,而且服务统计数据较少。因此,利用指标筛选方法确定指标,尽管方法科学、可靠,结论却值得怀疑。

(3)根据阈值确定指标的方法选择的指标之间逻辑关系不明确,很难令人接受。即便不考虑数据处理的工作量和数据质量,这类方法筛选出指标体系的一个共同缺陷是指标过于离散,指标与指标之间没有明确的逻辑关系,很难令人接受。

这类方法筛选的指标体系生成于一系列的统计分析或数学分

析,不同的人即便对最后形成的统计指标有不同的意见也很难进行调整,因而较难反映出不同的意见。

鉴于本研究的目的是提出一套可应用的指标体系,因而,本书拟采用定性分析方法,具体地说就是用层次分析方法提出现代化经济体系评价指标体系,这种方法有利于充分吸收不同方面的意见,指标体系易于调整,比较适合本研究的目的。

三、现代化经济体系评价指标体系的构建逻辑

基于大量文献研究,在相关学者的研究基础上,本研究将现代化经济体系与新发展理念对照结合,把现代化经济体系解构为八个子体系,主要从这八个方面对现代化经济体系评价指标体系进行构建,具体指标的选择根据八个子体系的具体特征进行选择。在总结相关学者的大量研究基础上,本研究将创新体系的现代化特征概括为:创新动力不断增强、创新水平逐渐提升、创新人才培育体系逐渐成熟。市场体系的现代化特征包括市场准入畅通、开放有序、竞争充分、秩序规范、商品和要素自由流动等;经济体制现代化的特征包括市场机制有效、微观主体有活力、宏观调控有度等,具体包括经济增长、物价稳定、就业稳定;产业体系的现代化特征包括科技创新对实体经济的贡献份额不断提高、现代金融服务实体经济的能力不断增强、人力资源支撑实体经济发展的作用不断优化、三大产业结构合理且服务业占国内生产总值(GDP)的比重不断提升;绿色发展体系的现代化特征包括绿色循环低碳、人与自然和谐发展、资源节约、环境友好、环境治理能力稳步上升;共享发展体系的现代化特征包括人均GDP逐步提高、全体人民共同富裕、收入分配差距合理、贫富差距缩小、基本公共服务均等化;城乡区域发展体系的现代化特征包括城乡居民可支配收入日趋合理、区域优势互补、城乡融合发展和陆海统筹整体优化;全面开放体系

的现代化特征包括结构优化、合作深化和效益提高。

本研究将现代化经济体系解析成一个有序的递阶层次结构,其指标体系分为8个目标层、29个准则层和40个指标层。

目标层反映现代化经济体系中创新体系、市场体系、经济体制、产业体系、绿色发展体系、共享发展体系、城乡区域发展体系和全面开放体系的整体发展水平,其中创新体系构成现代化经济体系的动力系统,市场体系和经济体制构成现代化经济体系的传动系统,产业体系、绿色发展体系、共享发展体系、城乡区域发展体系和全面开放体系构成现代化经济体系的运行质量系统。

准则层是对8个目标层的进一步分解,反映其具体内容或特征,例如创新体系可以分解为创新动力发展、创新水平提升和创新人才培养;市场体系可以分解为政商和谐、市场竞争充分和市场环境良好;绿色发展体系可以分解为资源节约、环境友好和环境治理能力改善等。

指标层反映现代化经济体系各子体系的具体发展水平,是本研究构建现代化经济体系评价指标体系的关键,它能有效衡量经济体系现代化的动态变化趋势。本研究将新发展理念融入现代化经济体系评价指标体系的构建当中是一大特色和创新,充分体现了指标选择的系统性和科学性,各目标层体系之间通过指标层传达出较强的逻辑联系。例如:对于创新体系和产业体系的逻辑联系,创新体系中的计算机、信息及软件业固定资产投资强度既能衡量创新动力发展,也体现了产业体系的转型升级;而产业体系中的产品质量优等品率则体现技术创新在产业朝着微笑曲线两端提升过程中的重要作用。现代化经济体系评价指标体系的构建充分结合系统性、科学性、可量化性、简明性和动态性的指标构建原则,吸取现代化经济体系的具体内核,融合创新、协调、绿色、开放、共享五大新发展理念的核心观念,构建了一套系统全面、简明有效、科学合理、动静结合的指标体系,力求准确充分地反映现代化经济体

第三章
现代化经济体系评价指标的构建

系的发展水平和变化。

在指标层级及指标体系确定的条件下,本研究将进一步对各项指标采用层次分析法来赋权。层次分析法(analytic hierarchy process,AHP)是一种将定性与定量指标相结合的决策分析方法,是一种将复杂问题分解成各个组成因素,再将这些因素按照支配关系分组形成递阶层次结构,以两两比较的方式确定各个因素的相对重要性,通过求解相对重要性判断矩阵来确定权重的方法。层次分析法的基本思路是将所要分析的问题层次化,根据问题的性质和所要达成的总目标,将问题分解为不同的组成因素,并按照这些因素的关联影响及其隶属关系,将因素按不同层次凝聚、组合,形成一个多层次分析结构模型,最后对问题进行优劣比较并排列。

第一步,建立层次结构模型。将决策的目标、考虑的因素(决策准则)和决策对象按照它们之间的相互关系分为最高层(目标层)、中间层(准则层)和最低层(指标层),绘出层次结构图。其中最高层(目标层)是决策的目的、要解决的问题;中间层(准则层)是决策要考虑的因素、决策的准则;最低层(指标层)是决策时的具体指标。层次分析法所要解决的问题是关于最低层对最高层的相对权重问题,按此相对权重可以对最低层中的各种方案、措施进行排序,从而在不同的方案中作出选择或形成选择方案的原则。

第二步,构造判断矩阵。对同一层次的各个指标关于上一层次中某一准则的重要性进行两两比较,构造两两比较的判断矩阵(通常需要结合专家经验对指标的两两相对重要性作出判断)。层次分析法中构造判断矩阵的方法是一致矩阵法,即不把所有因素放在一起比较,而是两两相互比较;此时采用的是相对尺度,尽可能减少性质不同因素相互比较的困难,以提高准确度,如表3-1所示。

表 3-1 判断矩阵标度方法

值	因素 i 相对因素 j 的含义
1	同等重要
3	稍微重要
5	较强重要
7	特别重要
9	极端重要
2,4,6,8	两相邻判断的中间值
倒数	若因素 i 相对因素 j 为 a_{ij}，则因素 j 相对因素 i 为 a_{ji}，二者互为倒数

第三步，求解判断矩阵的特征向量（各指标的相对权重），并对层次排序做一致性检验。各指标的相对权重计算公式如下：

(1)计算每个指标的几何平均数：$w_i = \sqrt[n]{\prod_{j=1}^{n} a_{i,j}}$，其中 $a_{i,j}$ 为判断矩阵的元素。

(2)标准化处理：多指标评价体系中，由于各评价指标的性质不同，通常具有不同的量纲和数量级。指标的标准化（normalization）是将数据按比例缩放，使之落入一个小的特定区间。在某些比较和评价的指标处理中经常会用到，去除数据的单位限制，将其转化为无量纲的纯数值，便于不同单位或量级的指标能够进行比较和加权。当各指标间的水平相差很大时，如果直接用原始指标值进行分析，就会突出数值较高的指标在综合分析中的作用，相对削弱数值水平较低指标的作用。因此，为了保证结果的可靠性，需要对原始指标数据进行标准化处理。目前数据标准化方法有多种，归结起来可以分为直线型方法（如极值法、标准差法）、折线型方法（如三折线法）、曲线型方法（如半正态性分布）。

第三章
现代化经济体系评价指标的构建

其中最典型的就是数据的归一化处理,即将数据统一映射到[0,1]区间上,常见的数据归一化的方法有:min-max 标准化法(min-max normalization)、log 函数转换法、atan 函数转换法、Z 标准化因子得分法(此方法最为常用)、模糊量化法。在指标标准化处理中,$W_i = \dfrac{w_i}{\sum_{i=1}^{n} w_i}$,其中 W_i 是每个指标的相对权重。

（3）一致性检验:构建一个正互反矩阵列 A,当 A 满足 $a_{ij}a_{jk} = a_{ik}$,i、j、$k = 1,2,3,\cdots,n$ 时,A 为一致性矩阵。检验上述第二步构造的矩阵是否与一致性矩阵有太大差别,如果差距太大则一致性检验不通过,需要重新构建判断矩阵,直至通过一致性检验为止。

最后,进行层次总排序的一致性检验。计算某一层次所有因素对于最高层(总目标)相对重要性的权值,称为层次总排序。这一过程是从最高层次到最低层次依次进行的。若 A 层有 m 个因素:$A_1,A_2,\cdots,A_m$,其对总目标 Z 的权重分别为 $W_1,W_2,\cdots,W_m$;B 层有 n 个因素对上层 A 中因素 A_j 的层次,单权重为 $b_{1,j},b_{2,j},\cdots,b_{m,j}(j=1,2,\cdots,m)$,B 层的层次总权重为:$\sum_{j=1}^{m} W_j \cdot b_{ij}$。层次总权重的一致性比率为:$CR = \dfrac{\sum_{j=1}^{m} W_i \cdot CI_j}{\sum_{j=1}^{m} W_j \cdot RI_j}$,当 CR<0.1 时,层次总权重一致性检验通过。

第二节 指标体系的具体解释

根据现代化经济体系的内涵范畴特征、指标构建的原则与逻辑,构建相对应的评价指标体系,如表 3-2 所示。

表 3-2 现代化经济体系指标体系

二级指标	二级指标特征	三级指标	方向	权重
创新体系 (0.226)	创新动力发展	R&D 经费投入强度(%)	正向	0.082
		计算机、信息及软件业固定资产投资强度(%)	正向	0.024
		技术市场成交额占 GDP 比重(%)	正向	0.046
	创新水平提升	万人新增发明专利拥有量(件)	正向	0.050
	创新人才培养	万人科学研究和技术服务业城镇单位就业人员数量(人)	正向	0.024
市场体系 (0.141)	政商和谐	政府与市场的关系	正向	0.057
	市场竞争充分	非国有经济的发展	正向	0.017
		产品市场的发育程度	正向	0.010
		要素市场的发育程度	正向	0.021
	市场环境良好	市场中介组织的发育和法治环境	正向	0.036
经济体制 (0.191)	经济增长	GDP 增速(%)	正向	0.018
		人均 GDP(万元)	正向	0.049
	物价稳定	居民消费价格指数	逆向	0.027
	就业稳定	城镇登记失业率(%)	逆向	0.036
	宏观调控有度	财政支出占 GDP 比重(%)	正向	0.061
产业体系 (0.065)	产业协调	第三产业结构与就业结构偏离度(%)	适度性	0.009
	产业发展	规模以上工业企业利润总额增加值占第二产业增加值比重(%)	正向	0.004
	产业创新	产品质量优等品率(%)	正向	0.022
	产业转型升级	第三产业增加值对 GDP 的贡献率(%)	正向	0.012
		金融业增加值占第三产业增加值比重(%)	正向	0.018

第三章 现代化经济体系评价指标的构建

续表

二级指标	二级指标特征	三级指标	方向	权重
绿色发展体系 (0.191)	资源节约	万元GDP能耗(吨标准煤)	逆向	0.015
	资源节约	万元GDP用水量(立方米)	逆向	0.015
	资源节约	万元GDP废水污染物排放量(吨)	逆向	0.016
	环境友好	森林覆盖率(%)	正向	0.063
	环境友好	建成区绿化覆盖率(%)	正向	0.044
	环境治理能力改善	生活垃圾无害化处理率(%)	正向	0.022
	环境治理能力改善	工业污染治理投资强度(%)	正向	0.016
共享发展体系 (0.059)	收入增长	居民人均可支配收入(万元)	正向	0.017
	公共资源共享	每万人拥有公共图书馆建筑面积(平方米)	正向	0.009
	科技发展共享	互联网普及率(%)	正向	0.008
	医疗普及	万人执业(助理)医师拥有量(人)	正向	0.008
	教育水平提升	平均受教育年限(年)	正向	0.017
城乡区域发展体系 (0.103)	城乡融合	城乡居民可支配收入比	适度性	0.008
	社会融合	全体居民收入基尼系数	逆向	0.021
	区域融合	区域泰尔指数	逆向	0.021
	区域融合	区域人类发展指数(HDI)	正向	0.053
全面开放体系 (0.026)	对外吸引力	国际旅游外汇收入占GDP比重(%)	正向	0.005
	对外开放总水平	进出口总额占GDP的比重(%)	正向	0.013
	"引进来"发展	外商直接投资(FDI)强度(%)	正向	0.004
	"走出去"速度	对外投资强度(%)	正向	0.004

(1) 创新体系。现代化经济体系的创新体系体现在创新动力发展、创新水平提升和创新人才培养三个方面。其中，用 R&D(研究与试验发展)经费投入强度(R&D 经费投入强度＝研究与试验发展经费支出/国内生产总值，研究与试验发展经费支出由基础研究、应用研究和试验发展经费支出构成)、计算机、信息及软件业固定资产投资强度(年末计算机、信息及软件业固定资产投资额/年末固定资产投资总额)和技术市场成交额占 GDP(国内生产总值)比重三个指标衡量创新动力发展；用万人新增发明专利拥有量[本年末国内发明专利量/常住人口(万人)]衡量创新水平提升；用万人科学研究和技术服务业城镇单位就业人员数量衡量创新人才培养程度。

(2) 市场体系。现代化经济体系体现在政商和谐、市场竞争充分和市场环境良好三方面。市场体系的 5 个具体指标均参考王小鲁、樊纲、胡李鹏合著的《中国分省份市场化指数报告(2018)》进行选择，其中，政府与市场的关系以市场分配经济资源的比重、减少政府对企业的干预和缩小政府规模 3 个指标进行衡量；非国有经济的发展以非国有经济在工业企业主营业务收入中所占比例、非国有经济在全社会固定资产总投资中所占比例和非国有经济就业人数占城镇总就业人数的比例 3 个指标进行衡量；产品市场的发育程度以价格由市场决定的程度和减少商品市场的地方保护 2 个指标进行衡量；要素市场的发育程度用金融业的市场化(包括金融业的竞争和信贷资金分配的市场化)、人力资源供应条件(包括技术人员供应情况、管理人员供应情况和熟练工人供应情况)和技术成果市场化 3 个大指标 5 个小指标进行衡量；市场中介组织的发育和法治环境用市场中介组织的发育(包括律师、会计师等市场中介组织服务条件和行业协会对企业的帮助程度)、维护市场的法治环境和知识产权保护 3 个大指标和 2 个小指标进行衡量。

(3)经济体制。现代化经济体系的经济体制具有经济增长、物价稳定、就业稳定和宏观调控有度4个特征。人均GDP和GDP增速能有效衡量当前经济的发展水平和未来经济的发展趋势。居民消费价格指数(CPI,上年=100)反映居民家庭一般购买的消费品和服务项目价格水平变动情况,其变动率在一定程度上反映了通货膨胀或紧缩的程度,指数稳定变化有利于物价水平的总体稳定。城镇登记失业率(年末登记失业人口数/劳动力人口数)反映了国内就业总体发展情况和民生稳定情况,城镇登记失业率越低,对现代化经济体系的正向效应越强。财政支出占GDP比重(当年财政总支出额/GDP)越高,代表国家对宏观经济的规划力度越大,调控越有效,是衡量经济体制良好运行的重要因素。

(4)产业体系。现代化经济体系的产业体系体现产业协调、产业发展、产业创新和产业转型升级4个特征。产业协调用第三产业结构与就业结构偏离度(第三产业占GDP的百分比/第三产业就业人数占总体就业人数的百分比-1)进行衡量,计算值越接近于零表示产业协调度越好,值大于零表示产业劳动生产率较高,还可以吸收更多的劳动力;值小于零表示产业劳动生产率较低,应该适当释放劳动力,由第三产业产业结构与就业偏离度能推出第一、二产业的联合偏离度,因此,第三产业结构与就业结构偏离度能有效衡量产业结构是否协调。规模以上工业企业利润总额增加值占第二产业增加值比重能反映中国从制造业大国向制造业强国转变情况,也能在一定程度上衡量中国实体经济的发展水平,对于衡量产业发展具有代表性。产品质量优等品率则体现技术创新在产业朝着微笑曲线两端提升过程中的重要作用,能有效衡量产业创新水平。第三产业增加值对GDP的贡献率(第三产业增加值/GDP增加值×100%)和金融业增加值占第三产业增加值比重则直接体现产业转型升级的速度和深度。

(5)绿色发展体系。绿水青山就是金山银山,保护环境就是保护生产力,改善环境就是促进生产力,资源节约、环境友好和环境治理能力改善是绿色发展体系的题中应有之义。万元 GDP 能耗(包括煤炭、石油、天然气和一次性电力及其他能源的等价值年度消耗)、万元 GDP 用水量(包括农业、工业、生活及生态的用水量)和万元 GDP 废水污染物排放量(包括废水中化学需氧量、氨氮、磷、石油类污染物及其他污染物的排放)能全面地反映经济活动的资源消耗,消耗量越低表明资源节约程度越高,也表明经济的可持续性发展能力越强。森林覆盖率(森林占地面积/总土地面积)和建成区绿化覆盖率(建成区绿化面积/建成区总面积)越高,代表环境越友好,可以体现人与自然的和谐发展、经济发展程度与环境接受度的融合。生活垃圾无害化处理率和工业污染治理投资强度(工业污染治理投资额/GDP×100%)越高,代表环境治理能力越强,环境越容易得到改善。

(6)共享发展体系。共享发展是社会主义本质的核心体现,本书这里主要从收入、公共资源、科技发展、医疗和教育五个方面对共享发展体系进行指标的选择。居民人均可支配收入衡量人民群众的经济水平变化;居民人均可支配收入持续稳定增长,是收入全民共享的重要体现。每万人拥有公共图书馆建筑面积越大,人民享受到的公共资源越多,越利于贯彻经济发展由人民共享的观念,民生就越稳定。互联网普及率充分体现了科技发展全民共享,未来的社会是基于先进技术的智能智联社会,而互联网普及率的高低不仅体现了共享发展体系的发展水平,也在一定程度上决定了人民群众今后能否顺应时代发展和跟上现代化经济水平的提升。万人执业(助理)医师拥有量多,是医疗全民共享的重要保障,也是预防突发性重大卫生公共事件的关键力量。平均受教育年限(6岁及以上人口受教育程度的算术平均值)主要用于衡量教育的发

第三章
现代化经济体系评价指标的构建

展水平,平均受教育年限越长,人民群众素质越高,就越容易建立社会主义文明社会,因此,教育的发展由人民共享,不仅是教育公平的具体体现,也是社会和谐的重要因素。

(7) 城乡区域发展体系。彰显优势、协调联动的城乡区域发展体系表现为城乡融合、区域融合和社会融合。用城乡居民可支配收入比(城镇居民人均可支配收入/农村居民人均可支配收入)衡量城乡差距,居民可支配收入比越大,城乡差距越明显;居民可支配收入比越接近于1,城乡差距越小。区域泰尔指数($Theil = \sum_{1}^{2} j \left(\frac{y_{j,t}}{y_t} \right) \cdot \ln[(y_{j,t}/y_t)/(x_{j,t}/x_t)]$)。$y_{j,t}$代表$t$年城镇($j=1$)或农村($j=2$)的人均可支配收入,$y_t$代表$t$年的总人均可支配收入,$x_{j,t}$代表$t$年城镇($j=1$)或农村($j=2$)的人口,$x_t$代表$t$年的总人口)是衡量区域相对差异的一个重要指标,能较细致地反映区域差距的结构特征,泰尔指数大于等于零时,指数值越小表明区域差异越小,反之越大。区域人类发展指数(HDI)将经济指标与社会指标相结合,揭示了经济增长与社会发展的不平衡,表明人文发展状况,即人的健康长寿、受教育机会、生活水平、生存环境和自由程度等指标的综合发展状况。HDI是衡量一个国家综合国力的重要指标,通过计算健康长寿、良好的教育和较高生活水平这三个重要维度指标的归一化几何平均值测得。HDI值越大,表示经济增长与社会发展越平衡,地区的综合实力越强。全体居民收入基尼系数用于衡量地区居民收入差距,基尼系数越接近于零表明收入分配越平等,差距越小。本研究的基尼系数通过按居民收入五等分分组的洛伦兹曲线计算得出,洛伦兹曲线与绝对平等线之间的面积与实际收入曲线右下方的面积之比即为基尼系数。

(8) 全面开放体系。全面开放体系包括对外吸引力、开放总水平、引进来和走出去四个维度。国际旅游外汇收入占GDP比重直接体现全国及各省份对外的吸引力,比重越大,吸引力越强。进出口总额占 GDP 的比重体现地区对外开放的总体水平,外商直接投资(FDI)强度(外商直接投资总额/GDP×100%)体现对外经济"引进来"的发展速度,对外直接投资强度(对外非金融类投资总额/GDP×100%)体现区域经济"走出去"的发展速度。

第三节 指标的标准化与权重设置

一、指标的标准化

由于指标的度量单位不一样,而且最后需要通过所选择的 41 个指标计算现代化经济体系综合指标数值,因此,需要对各个指标数据进行标准化处理,消除指标之间的量纲差别,从而减少计算的误差以及由此引发的综合指数值的大幅波动。

本研究通过 Z 标准化方法(也叫标准差标准化)对指标进行无量纲和归一化处理,标准化公式 $ST=(x-\mu)/\sigma$。ST 表示标准值,μ 表示样本总体均值,σ 表示样本总体标准差。指标的归一化和标准化均通过 SPSS 软件进行处理和计算,综合指数的值也统一采用标准化后的数据进行测算。

二、指标的权重设置

1. 建立层次结构模型

根据现代化经济体系评价指标体系建立层次分析结构模型,如表 3-3 所示。目标层为现代化经济体系,准则层为 8 个子体系(对应的矩阵为 **A1**~**A7**),方案层为各具体指标(标度为 **B1**~**B40**)。

表 3-3　AHP 层次结构

目标层	准则层	方案层	标度
现代化经济体系（Z）	创新体系（A1）	R&D 经费投入强度（%）	B1
		计算机、信息及软件业固定资产投资强度（%）	B2
		技术市场成交额占 GDP 比重（%）	B3
		万人新增发明专利拥有量（件）	B4
		万人科学研究和技术服务业城镇单位就业人员数量（人）	B5
	市场体系（A2）	政府与市场的关系	B6
		非国有经济的发展	B7
		产品市场的发育程度	B8
		要素市场的发育程度	B9
		市场中介组织的发育和法治环境	B10
	经济体制（A3）	GDP 增速（%）	B11
		人均 GDP（万元）	B12
		居民消费价格指数	B13
		城镇登记失业率	B14
		财政支出占 GDP 比重（%）	B15
	产业体系（A4）	第三产业结构与就业结构偏离度（%）	B16
		规模以上工业企业利润总额增加值占第二产业增加值比重（%）	B17
		产品质量优等品率（%）	B18
		第三产业增加值对 GDP 的贡献率（%）	B19
		金融业增加值占第三产业增加值比重（%）	B20
	绿色发展体系（A5）	万元 GDP 能耗（吨标准煤）	B21
		万元 GDP 用水量（立方米）	B22
		万元 GDP 废水污染物排放量（吨）	B23
		森林覆盖率（%）	B24

续表

目标层	准则层	方案层	标度
现代化经济体系（Z）	绿色发展体系（A5）	建成区绿化覆盖率（%）	B25
		生活垃圾无害化处理率（%）	B26
		工业污染治理投资强度（%）	B27
	共享发展体系（A6）	居民人均可支配收入（万元）［收入］	B28
		每万人拥有公共图书馆建筑面积（平方米）	B29
		互联网普及率（%）	B30
		万人执业（助理）医师拥有量（个）［医疗］	B31
		平均受教育年限 ［教育］	B32
	城乡区域发展体系（A7）	城乡居民可支配收入比 ［城乡差距］	B33
		全体居民收入基尼系数 ［全民差距］	B34
		区域泰尔指数 ［区域差距］	B35
		区域人类发展指数（HDI）［区域差距］	B36
	全面开放体系（A8）	国际旅游外汇收入占 GDP 比重（%）	B37
		进出口总额占 GDP 的比重（%）	B38
		外商直接投资（FDI）强度（%）	B39
		对外投资强度（%）	B40

2. 构建判断（成对比较）矩阵

为了消除完全主观因素的误差，采用 Santy 等人提出的一致矩阵法构建判断矩阵对准则层指标和方案层指标进行赋权。这样做的好处是通过两两比较，采用相对尺度，尽可能减少性质不同的诸因素相互比较的困难，以提高计算的精确性。成对比较矩阵是表示本层所有因素针对上一层某一个因素（准则或目标）相对重要性的比较。成对比较矩阵的元素 a_{ij} 表示的是第 i 个因素相对于第 j 个因素的比较结果，a_{ji} 表示 a_{ij} 的倒数，这个值是使用 Santy 1~9 标度方法给出的（具体方法见表 3-1）。

第三章
现代化经济体系评价指标的构建

根据现代化经济体系指标体系的递阶层次结构，按照 1～9 标度规则构建判断矩阵，共构建了 9 个判断矩阵（分别为 1 个准则层对目标层的判断矩阵和 8 个方案层对准则层的判断矩阵），如表 3-4 至表 3-11 所示。

表 3-4 A 对 Z 的判断矩阵

A 对 Z	A1	A2	A3	A4	A5	A6	A7	A8
A1	1	2	2	3	2	3	2	5
A2	1/2	1	1	3	1	3	1	5
A3	1/2	1	1	5	1	3	5	7
A4	1/3	1/3	1/5	1	1/5	3	1/5	3
A5	1/2	1	1	5	1	3	5	7
A6	1/3	1/3	1/3	1/3	1/3	1	1	3
A7	1/2	1	1/5	5	1/5	1	1	5
A8	1/5	1/5	1/7	1/3	1/7	1/3	1/5	1

$$W^Z = (0.226, 0.141, 0.191, 0.065, 0.191, 0.059, 0.103, 0.026)^T$$

分别为表 3-1 中 8 个体系的权重。

表 3-5 B1～B5 对 A1 的判断矩阵

B1～B5 对 A1	B1	B2	B3	B4	B5
B1	1	3	2	2	3
B2	1/3	1	1/2	1/2	1
B3	1/2	2	1	1	2
B4	1/2	2	1	1	3
B5	1/3	1	1/2	1/3	1

$$W^{A1} = (0.364, 0.108, 0.203, 0.223, 0.101)^T$$

表 3-6 B6～B10 对 A2 的判断矩阵

B6～B10 对 A2	B6	B7	B8	B9	B10
B6	1	3	5	3	2

续表

B6~B10 对 A2	B6	B7	B8	B9	B10
B7	1/3	1	2	1	1/3
B8	1/5	1/2	1	1/3	1/3
B9	1/3	1	3	1	1/2
B10	1/2	3	3	2	1

$W^{A2} = (0.404, 0.124, 0.068, 0.146, 0.258)^T$

表 3-7　B11~B15 对 A3 的判断矩阵

B11~B15 对 A3	B11	B12	B13	B14	B15
B11	1	1/3	1	1/3	1/3
B12	3	1	2	1	1
B13	1	1/2	1	1	1/2
B14	3	1	1	1	1/3
B15	3	1	2	3	1

$W^{A3} = (0.096, 0.259, 0.136, 0.188, 0.322)^T$

表 3-8　B16~B20 对 A4 的判断矩阵

B16~B20 对 A4	B16	B17	B18	B19	B20
B16	1	3	1/3	1/2	1/2
B17	1/3	1	1/5	1/3	1/3
B18	3	5	1	2	1
B19	2	3	1/2	1	1/2
B20	2	3	1	2	1

$W^{A4} = (0.133, 0.066, 0.333, 0.185, 0.283)^T$

表 3-9　B21~B27 对 A5 的判断矩阵

B21~B27 对 A5	B21	B22	B23	B24	B25	B26	B27
B21	1	1	1	1/3	1/2	1/3	1
B22	1	1	1	1/3	1/3	1/2	1

续表

B21~B27 对 A5	B21	B22	B23	B24	B25	B26	B27
B23	1	1	1	1/3	1/5	1	1
B24	3	3	3	1	3	5	3
B25	2	3	5	1/3	1	3	3
B26	3	2	1	1/5	1/3	1	1
B27	1	1	1	1/3	1/3	1	1

$$\boldsymbol{W}^{A5} = (0.081, 0.079, 0.081, 0.329, 0.231, 0.114, 0.085)^{\mathrm{T}}$$

表 3-10　B28~B32 对 A6 的判断矩阵

B28~B32 对 A6	B28	B29	B30	B31	B32
B28	1	3	1	3	1
B29	1/3	1	2	1	1/2
B30	1	1/2	1	1/2	1/2
B31	1/3	1	2	1	1/3
B32	1	2	2	3	1

$$\boldsymbol{W}^{A6} = (0.290, 0.148, 0.135, 0.138, 0.288)^{\mathrm{T}}$$

表 3-11　B33~B36 对 A7 的判断矩阵

B33~B36 对 A7	B33	B34	B35	B36
B33	1	1/3	1/3	1/5
B34	3	1	1	1/3
B35	3	1	1	1/3
B36	5	3	3	1

$$\boldsymbol{W}^{A7} = (0.079, 0.201, 0.201, 0.519)^{\mathrm{T}}$$

表 3-12　B37~B40 对 A8 的判断矩阵

B37~B40 对 A8	B37	B38	B39	B40
B37	1	1/2	1	1
B38	2	1	3	3

续表

B37~B40 对 A8	B37	B38	B39	B40
B39	1	1/3	1	1
B40	1	1/3	1	1

$W^{A8} = (0.191, 0.466, 0.172, 0.172)^T$

3. 层次单排序及一致性检验

层次单排序：权向量 W 的元素为同一层次因素相对于上一层次因素某因素的重要性排序权值，这一排序过程称为层次单排序；层次单排序能否被确认，需要进行一致性检验。所谓一致性检验是指利用一致性指标和一致性比率小于0.1及随机一致性指标的数值表，对判断矩阵进行检验的过程。

一致性指标 $CI = \dfrac{\lambda - n}{n - 1}$（$\lambda$ 为最大特征向量，n 为判断矩阵维数），其中 CI 越接近于0，矩阵越有满意的一致性。

根据本章第一节的论述，一致性比率 $CR = \dfrac{CI}{RI}$（RI 为随机一致性指标，具体指标值见附录A），若 CR 的值小于0.1表明判断矩阵的不一致性在容许范围内，因此可以用判断矩阵的特征向量作为权重向量，若一致性检验未通过则需要重新构建判断矩阵，直到通过检验。

对以上9个判断矩阵进行一致性检验，发现每个矩阵的 CR 值均小于0.1，9个判断矩阵均通过一致性检验，因此可以用判断矩阵的特征向量作为权重向量以衡量每个方案层指标对现代化体系总权重的贡献率，检验结果如表3-13所示。

表3-13 一致性检验

矩阵	最大特征根	CI值	RI值	CR值	一致性检验结果
Z	8.541	0.077	1.41	0.055	通过

续表

矩阵	最大特征根	CI 值	RI 值	CR 值	一致性检验结果
A1	5.058	0.014	1.12	0.013	通过
A2	5.091	0.023	1.12	0.02	通过
A3	5.188	0.047	1.12	0.042	通过
A4	5.188	0.047	1.12	0.042	通过
A5	7.399	0.066	1.36	0.049	通过
A6	5.381	0.095	1.12	0.085	通过
A7	4.044	0.015	0.89	0.016	通过
A8	4.021	0.007	0.89	0.008	通过

9个矩阵的权向量分别为 W^Z、W^{A1}、W^{A2}、W^{A3}、W^{A4}、W^{A5}、W^{A6}、W^{A7}、W^{A8}，具体权重值见前文。

4.层次总排序

根据判断矩阵计算出的权重向量，可以求出最低层对最高层的权重，即 B1＝0.226×0.364＝0.082，B2＝0.226×0.108＝0.024，…，依次可以计算出 B3～B40 的权重，权重值见表 3-1。

第四章
现代化经济体系评价指标实证分析

第一节 数据来源及测算说明

一、数据来源

本研究的指标数据来源于国家数据库、2010—2019 年《中国统计年鉴》、《中国商务统计（2019）》、《中国能源统计年鉴（2018）》、国家统计公报、31 个省份 2010—2019 年《统计年鉴》及统计公报等。其中，人类发展指数来源于《中国人类发展报告特别版（2019）》（由联合国开发计划署、清华大学中国发展规划研究院、国家信息中心三方合作的联合研究团队共同撰写），市场指数来源于《中国分省份市场化指数报告（2018）》（王小鲁、樊纲、胡李鹏合著）。

通过全面的数据查找，可以发现仍然还有缺失的数据且无法获得。对于缺失值，本研究通过 EM（期望最大化）迭代方法和多元回归算法对缺失值进行估计和补齐；对于变量间具有明显线性关系的数据指标通过回归算法对缺失值进行处理；其余缺失值通过期望最大化迭代方法估计。

2020 年初，新冠疫情迅速向全国蔓延，为了避免疫情快速扩散，党中央、国务院把人民生命安全放在第一位，迅速采取强力措施，升级疫情防控级别，除了武汉市和湖北省进行严格封控防疫

第四章
现代化经济体系评价指标实证分析

外,全国各地都采取了高级别的防控措施。疫情的全球暴发,给中国的产业体系发展和对外贸易的开放形势带来了异常猛烈的冲击。此后2021—2022年疫情也在全国各地不断暴发,疫情三年期间反映全国及各地的产业体系、市场体制等指标都呈现出异常特征,用来同2020年前的各项指标进行比较并不能反映出我国现代化经济体系建设的总体趋势。因此,本研究只选择采用了2020年前的各项数据,根据2020年前各项数据评价的全国及各省份的现代化经济体系建设趋势,预估了2020年后的趋势。

二、得分测算说明

（1）全国及各省份的现代化经济体系得分计算采用因子分析法,用于比较和排名的综合得分是2010—2019年因子得分的加权平均,得分均通过标准化采用一分制表示以便于比较说明,因此这决定了得分是一个变化的相对值,各指标标准化后的指标统计描述情况见附录B。

（2）各子体系的得分通过AHP法进行计算,每个子体系的最高权重为全国及各省份得分上限,因此创新体系的最高得分为0.226,市场体系的最高得分为0.141,经济体制的最高得分为0.191,产业体系的最高得分为0.065,绿色发展体系的最高得分为0.191,共享发展体系的最高得分为0.059,城乡区域发展体系的最高得分为0.103,全面开放体系的最高得分为0.026。

（3）用0.7以下表示低现代化经济体系发展水平,0.7～0.8表示中等现代化经济体系发展水平,0.8以上表示高现代化经济体系发展水平。这既是本研究的一个创新,同时也是在大量权衡与考察之下拟定的分界值,与实际情况有较高的吻合度。

（4）现代化经济体系综合得分和各子体系得分均用于比较各省份现代化经济体系的发展水平,是一种相对的值,但并不影响对全国及各省份现代化经济体系发展的综合评价与比较。

第二节 现代化经济体系的综合评价与比较

一、全国及各省份现代化经济体系的综合评价

1. KMO 和 Bartlett 球形检验

为了检验收敛效度和区别效度,首先要确定样本数据是否适合做因子分析,需要对各个变量对应的各项样本数据进行 Kaiser-Meyer-Olkin(KMO) 和 Bartlett 球形检验。

一般来说,KMO 值小于 0.5 时将认为数据没能符合做因子分析的条件;处于 0.5～0.6 则表示数据勉强符合做因子分析的条件;处于 0.6～0.7 时认为数据不太符合做因子分析的条件;处于 0.7～0.8 时认为数据符合做因子分析的条件;处于 0.8～0.9 时就认为数据很符合做因子分析的条件;大于 0.9 表示数据非常符合做因子分析的条件。Bartlett 球形检验统计量的原假设变量之间的相关矩阵为单位矩阵,Sig 的值小,即认为各变量之间存在显著的相关性。

根据表 3-1 中的指标体系以及 2010—2019 年全国及各省份数据进行 KMO 和 Bartlett 球形检验,由表 4-1 可见,KMO=0.866 且 Sig=0.000<0.01,适合做因子分析。

表 4-1 KMO 和 Bartlett 球形检验

取样足够度的 Kaiser-Meyer-Olkin 度量		0.866
Bartlett 的球形检验	近似卡方	16078.732
	df	780
	Sig	0.000

2. 构建成分矩阵提取主成分

成分矩阵如表 4-2 所示。

第四章 现代化经济体系评价指标实证分析

表 4-2 成分矩阵

得分系数	成分								
	1	2	3	4	5	6	7	8	9
人类发展指数（HDI）	0.947	−0.036	−0.104	0.202	0.050	−0.009	0.004	0.030	0.002
要素市场的发育程度	0.909	−0.002	0.022	0.043	−0.017	0.166	−0.129	0.049	0.001
人均GDP	0.892	0.185	0.008	0.024	0.214	−0.044	−0.040	−0.107	−0.060
居民人均可支配收入	0.889	0.177	0.078	−0.009	0.118	−0.034	0.066	0.017	−0.083
R&D经费投入强度	0.864	0.150	0.255	0.064	−0.050	0.222	0.007	−0.089	−0.034
人均受教育年限	0.850	−0.034	−0.050	0.355	−0.105	0.111	0.031	0.086	0.085
市场中介组织的发育和法治环境	0.830	−0.100	0.170	−0.145	0.169	0.055	0.003	−0.008	−0.191
万人专利拥有量	0.775	0.390	0.189	0.027	−0.176	0.125	0.122	−0.071	−0.004
万人执业（助理）医师拥有量	0.744	0.436	−0.248	0.117	−0.157	−0.052	0.191	−0.141	−0.009
万元GDP能耗	−0.718	0.464	−0.084	0.295	0.199	−0.059	0.134	−0.034	0.087
进出口总额占GDP的比重	0.697	0.100	0.537	−0.039	0.158	−0.019	0.070	0.095	−0.138

续表

得分系数	成分								
	1	2	3	4	5	6	7	8	9
政府与市场的关系	0.685	−0.603	0.096	0.013	0.093	0.153	−0.057	0.113	−0.073
非国有经济的发展	0.669	−0.539	−0.147	−0.240	0.117	−0.116	−0.006	−0.056	−0.018
城乡居民可支配收入比	−0.661	0.265	0.187	−0.126	−0.088	0.485	0.183	0.070	0.105
技术市场成交额占GDP的比例	0.645	0.497	0.179	0.096	−0.410	0.196	0.040	−0.070	0.019
区域泰尔指数	−0.621	0.499	0.326	−0.212	0.059	0.075	−0.119	−0.068	−0.129
建成区绿化覆盖率（%）	0.604	−0.299	−0.045	−0.153	−0.214	−0.129	0.320	−0.130	0.285
规模以上工业企业利润总额占第二产业增加值比例	0.574	−0.216	0.442	0.298	0.071	0.124	0.020	−0.306	0.063
万元GDP水耗	−0.565	0.291	0.173	0.174	0.037	−0.364	0.188	0.051	−0.028
外商直接投资（FDI）强度	0.537	−0.317	0.214	0.190	−0.065	−0.177	−0.470	−0.043	0.041
金融业增加值占第三产业增加值比例	0.521	0.417	−0.090	−0.104	0.319	0.096	−0.026	0.256	0.185

第四章 现代化经济体系评价指标实证分析

续表

得分系数	成分								
	1	2	3	4	5	6	7	8	9
信息传输、计算机服务和软件业固定资产投资强度(不含农户)	0.517	0.421	0.131	−0.063	−0.149	−0.294	0.090	0.365	−0.046
对外直接投资强度	0.481	0.277	0.120	−0.104	0.196	−0.077	−0.162	0.257	0.243
产品市场的发育程度	0.276	−0.774	−0.147	−0.088	0.156	0.064	0.151	−0.014	−0.085
财政支出占GDP的比例	−0.503	0.682	0.006	−0.289	0.021	−0.257	−0.188	−0.086	−0.054
森林覆盖率	0.157	−0.522	0.117	−0.421	−0.408	−0.080	0.170	0.295	0.000
基尼系数	0.474	0.183	−0.698	0.096	−0.066	−0.033	0.249	−0.168	−0.068
GDP增速	−0.485	−0.179	0.677	0.165	−0.001	0.132	−0.121	0.125	0.168
居民消费价格指数	−0.243	−0.093	0.607	0.369	−0.085	−0.004	−0.033	−0.063	−0.084
社会保障和就业支出占财政支出的比例	0.010	−0.076	−0.577	0.341	−0.377	0.064	−0.226	0.254	0.022
国际旅游外汇收入强度	0.480	0.156	0.539	−0.291	0.113	−0.185	−0.038	0.208	−0.071
万元GDP废水排放量	−0.421	−0.373	0.423	0.096	−0.069	0.085	0.306	0.390	0.152

续表

得分系数	成分								
	1	2	3	4	5	6	7	8	9
生活垃圾无害化处理率	0.407	−0.001	−0.268	−0.522	0.246	0.073	−0.030	−0.153	0.243
产品质量优等品率（%）	0.301	0.047	0.052	−0.420	0.236	−0.092	−0.071	−0.144	0.268
工业污染治理投资总额占GDP的比例	−0.048	0.171	−0.117	0.415	0.540	0.254	0.319	0.125	0.193
城镇登记失业率	−0.336	−0.370	−0.131	0.374	0.378	−0.127	−0.043	0.166	0.065
第三产业结构与就业结构偏离度	−0.355	0.071	−0.037	−0.407	0.034	0.619	0.168	0.033	−0.259
专利有效授权率	0.040	−0.114	0.236	0.024	0.075	−0.421	0.564	−0.176	−0.240
第三产业增加值对GDP的贡献率	0.295	0.291	−0.121	−0.068	−0.033	−0.062	0.077	0.375	0.060
城镇单位就业人员平均实际工资指数（上年=100）	−0.144	−0.051	0.212	−0.112	−0.241	−0.082	0.126	−0.180	0.606

提取方法：主成分。提取了9个成分。

第四章
现代化经济体系评价指标实证分析

3. 解释的总方差

当存在多个变量时,需要考察其中的主要变量对结果的解释程度。解释方差是单个变量与总方差的方差比,解释方差表既是公因子对原有变量的解释程度,也是计算综合得分时对应公因子的权重。

通过对 40 个变量方差及解释方差的计算,并按其方差的初始特征值从高到低排列,表 4-3 共提取了 8 个公因子解释总的 40 个变量(表格省略 25 个变量),统计发现,8 个公因子对变量的解释度达到了 77.481%,9 个公因子对变量的解释度达到了 79.861%,差距已经不大,故提取方差初始特征值大于 1 的 8 个公因子,已经能够比较好地解释原有变量所包含的信息。因此,为了计算的方便,后续分析均只取前 8 个公因子(各指标公因子得分情况及公因子 1、2、3 的成分图见附录 C、附录 D)。

表 4-3 解释方差表

成分	初始特征值			提取平方和载入		
	合计	方差的%	累计%	合计	方差的%	累计%
1	14.942	37.356	37.356	14.942	37.356	37.356
2	4.907	12.267	49.623	4.907	12.267	49.623
3	3.302	8.254	57.877	3.302	8.254	57.877
4	2.180	5.449	63.327	2.180	5.449	63.327
5	1.864	4.661	67.988	1.864	4.661	67.988
6	1.525	3.813	71.801	1.525	3.813	71.801
7	1.189	2.973	74.775	1.189	2.973	74.775
8	1.083	2.706	77.481	1.083	2.706	77.481
9	0.952	2.380	79.861	0.952	2.380	79.861
10	0.893	2.231	82.093			

续表

成分	初始特征值			提取平方和载入		
	合计	方差的%	累计%	合计	方差的%	累计%
11	0.865	2.162	84.255			
12	0.732	1.829	86.084			
13	0.655	1.638	87.722			
14	0.620	1.550	89.272			
15	0.525	1.314	90.586			

4. 根据因子得分计算综合得分

根据全国及各省份2010—2019年的各项指标数据，可以测算得到全国及各省份8个主要因子的得分（全国及各省份各年主要因子得分见附录E），如表4-4所示。

表4-4 全国及各省份8个主要因子得分

全国及各省份	Fac1	Fac2	Fac3	Fac4	Fac5	Fac6	Fac7	Fac8
上海	0.366	1.022	3.077	0.220	0.194	1.507	1.003	0.017
云南	−0.199	−0.439	0.555	0.328	−1.176	−0.527	−1.331	0.451
全国	0.414	0.211	0.189	0.638	0.052	0.075	0.432	0.180
内蒙古	−0.117	−0.316	−0.206	1.518	0.991	0.797	0.393	−0.258
北京	−0.164	6.413	−0.121	0.823	0.106	−0.433	−0.400	0.358
吉林	0.337	0.287	−0.928	1.134	1.558	−1.132	0.162	−0.583
四川	0.485	−0.045	−0.178	0.539	−0.492	−0.373	0.171	0.287
天津	0.457	0.320	2.197	0.770	1.254	0.572	1.892	−0.438
宁夏	−0.627	−0.481	0.693	1.672	0.088	2.152	−0.712	0.641
安徽	0.393	0.326	−0.335	0.402	0.191	−0.945	0.822	0.218

续表

全国及各省份	Fac1	Fac2	Fac3	Fac4	Fac5	Fac6	Fac7	Fac8
山东	1.031	−0.099	−0.152	0.990	−0.281	0.339	1.237	−0.243
山西	−0.156	0.059	−0.557	1.659	0.604	1.430	−0.184	0.314
广东	1.001	0.153	1.437	0.531	−0.502	−0.845	−0.735	−0.606
广西	0.330	−0.389	0.251	0.705	−0.438	−0.807	−1.359	−0.429
新疆	−1.005	−0.235	0.465	0.885	0.931	2.212	−1.038	0.266
江苏	0.833	0.264	0.671	1.358	0.204	−0.134	1.003	−0.337
江西	0.764	−0.435	−0.452	0.540	0.980	−1.304	−0.216	0.268
河北	0.217	0.101	−0.680	1.468	0.316	−0.165	0.031	−0.014
河南	0.763	−0.229	−0.562	0.514	0.286	−0.590	1.607	0.080
浙江	0.957	−0.103	2.009	1.120	−0.331	0.105	−0.114	−0.635
海南	−0.252	−0.368	0.951	0.918	0.746	−1.562	−1.967	−0.185
湖北	0.584	0.142	−0.220	0.880	0.094	−0.640	0.796	0.043
湖南	0.657	−0.178	−0.665	0.971	0.850	−0.942	−0.493	0.061
甘肃	−0.739	0.270	−0.401	1.208	−2.315	0.290	0.519	−0.432
福建	1.033	−0.791	1.557	0.814	0.300	−0.320	−0.791	−0.193
西藏	−3.551	−0.829	1.497	1.281	0.270	−1.710	0.912	0.492
贵州	−0.073	−0.201	−0.457	0.896	−0.986	0.222	−0.387	0.274
辽宁	0.640	−0.084	0.069	1.166	0.603	0.230	0.186	0.173
重庆	0.733	−0.088	0.433	0.762	−0.115	−0.648	0.102	0.264
陕西	0.403	0.850	−0.414	0.508	−0.655	−0.181	0.400	0.184
青海	−1.942	0.263	0.415	1.456	0.604	0.432	−0.542	0.735
黑龙江	−0.139	−0.103	−0.367	1.370	1.433	−0.446	−1.024	−0.921

因此，根据因子综合得分公式可以得到各自综合得分：

$$ZF=37.356\%\times Fac1+\cdots+2.706\%\times Fac8$$

全国及各省份现代化经济体系的得分和排名情况如表 4-5 所示（表 4-5 综合得分为 2010—2019 年全国及各省份因子综合得分加权平均分归一化处理后的分值），可以从两个维度来看 2010—2019 年全国及各省份综合得分情况。

表 4-5　2010—2019 年全国及各省份综合得分排名

全国及各省份	综合得分	排名	全国及各省份	综合得分	排名
上海	0.919	1	陕西	0.714	17
北京	0.902	2	吉林	0.713	18
天津	0.881	3	河北	0.709	19
广东	0.876	4	四川	0.705	20
江苏	0.872	5	山西	0.686	21
浙江	0.856	6	内蒙古	0.684	22
山东	0.838	7	黑龙江	0.666	23
福建	0.802	8	广西	0.659	24
辽宁	0.779	9	宁夏	0.619	25
重庆	0.759	10	海南	0.616	26
河南	0.748	11	贵州	0.581	27
湖北	0.746	12	云南	0.557	28
全国	0.741	13	甘肃	0.506	29
江西	0.725	14	新疆	0.490	30
湖南	0.724	15	青海	0.446	31
安徽	0.717	16	西藏	0.096	32

（1）从现代化经济体系的发展水平维度来看，上海、北京、天津、广东、江苏、浙江、山东和福建的现代化经济体系得分均大于

0.8,处于高现代化经济体系发展水平;辽宁、重庆、河南、湖北、全国、江西、湖南、安徽、陕西、吉林、河北和四川的现代化经济体系得分介于0.7与0.8之间,处于中等现代化经济体系发展水平;而山西、内蒙古、黑龙江、广西、宁夏、海南、贵州、云南、甘肃、新疆、青海和西藏的现代化经济体系得分均小于0.7,处于低现代化经济体系发展水平。目前来看,高现代化经济体系发展水平的省份只有9个,不到总体的30%;而中低等现代化经济体系发展水平的省份有22个,占比70.97%。数据表明,中国目前的现代化经济体系总体上处于中等发展水平,但省份间的差距仍很大,现代化经济体系具有空间地域不平衡的特点,主要受到社会经济不平衡和不充分发展的制约。

(2)从全国线看的现代化经济体系发展水平差距由表4-6可以看出,全国的现代化经济体系得分为0.741,排在第13位,处于中等现代化经济体系发展水平,高于全国线的省份有12个,分别是上海、北京、天津、广东、江苏、浙江、山东、福建、辽宁、重庆、河南及湖北;而低于全国线的省份则达19个,分别是江西、湖南、安徽、陕西、吉林、河北、四川、山西、内蒙古、黑龙江、广西、宁夏、海南、贵州、云南、甘肃、新疆、青海和西藏;很多省份没有达到全国线的发展水平。排名前三位的分别是上海、北京和天津,其现代化经济体系得分均在0.9左右,属于极高的现代化经济体系发展水平;排名末尾三位的是新疆、青海和西藏,平均现代化经济体系得分仅有0.344,属于极低的现代化经济体系发展水平;排名最高的上海和最低的西藏,现代化经济体系得分差值为0.823,差距较悬殊。总的来看,东部及沿海地区与西部内陆的差距较大,西南和西北地区是我国全面建设现代化经济体系的薄弱环节,要提升全国的现代化经济体系水平,则依托区域协调发展战略和"一带一路"建设布局啃下西部这块"硬骨头"是重中之重。

二、现代化经济体系发展的区域差异

(一)三大地区的现代化经济体系水平与差异

1. 三大地区的划分

现代化经济体系的发展是一个全面系统的提升过程,核心要义在于区域间的协调联动,有差异的现代化经济体系无法体现社会主义的本质,更不是社会主义需要的现代化经济体系。对东部、中部和西部三大区域的现代化经济体系水平与差异进行综合的分析比较,具有重要的理论意义和实践意义。

本研究的地带划分与国家对东部、中部和西部地区的划分保持一致,东部地区包括北京、天津、河北、辽宁、上海、江苏、浙江、福建、山东、广东和海南,中部地区包括山西、吉林、黑龙江、安徽、江西、河南、湖北和湖南,西部地区包括重庆、云南、新疆、西藏、四川、陕西、青海、宁夏、内蒙古、贵州、广西和甘肃。三大地区现代化经济体系得分如表4-6所示。

表4-6 三大地区现代化经济体系得分

三大地区	现代化经济体系得分	排名
东部	0.823	1
中部	0.716	2
西部	0.574	3

2. 三大地区的现代化经济体系发展水平与比较

由表4-6可以清楚地看出,东部地区的现代化经济体系得分为0.823,排在第一位,处于高现代化经济体系发展水平;中部地区的现代化经济体系得分为0.716,排在第二位,处于中等现代化经济体系发展水平;西部地区的现代化经济体系得分为0.574,排在第

第四章
现代化经济体系评价指标实证分析

三位,处于低现代化经济体系发展水平。从差异上看,东部与中部的差异(差异值为0.107)＜中部与西部的差异(差异值为0.142)＜东部与西部的差异(差异值为0.249),东西部差异仍然较大,除了地理位置、历史文化、基础设施等硬差异之外,东西部地区在创新动力及水平、市场完善程度、产业转型升级、对外开放水平和人才信息流动等软差异也比较明显。如何营造创新联动、产业循环、人才流动的东、中、西部闭环螺旋上升的经济发展的体制机制环境,是促进东、中、西部现代化经济体系水平提升和平衡发展的一大关键。

(二)八大经济区域现代化经济体系的差异

1.八大经济区域划分

根据经济发展联动和区域位置相关,中国可以被分为八大经济区域,分别是东北经济区(黑龙江、吉林、辽宁)、北部沿海经济区(北京、天津、河北、山东)、东部沿海经济区(上海、江苏、浙江)、南部沿海经济区(福建、广东、海南),黄河中游经济区(山西、内蒙古、河南、陕西)、长江中游经济区(安徽、江西、湖南、湖北)、西南经济区(广西、云南、贵州、四川、重庆)和西北经济区(青海、宁夏、甘肃、新疆、西藏)。按照经济区域划分来对现代化经济体系进行评价(见表4-7),不仅能够更加精准地反映区域间现代化经济体系的发展状况,也便于为现代化经济体系发展水平的提升提供精确合理和更加有效的机制方面的建议。

表4-7 八大经济区域现代化经济体系得分

八大经济区域	现代化经济体系得分	排名
东部沿海经济区	0.883	1
北部沿海经济区	0.833	2
南部沿海经济区	0.765	3

续表

八大经济区域	现代化经济体系得分	排名
长江中游经济区	0.728	4
东北经济区	0.719	5
黄河中游经济区	0.708	6
西南经济区	0.652	7
西北经济区	0.431	8

2. 八大经济区域现代化经济体系发展水平与比较

根据测算，如表4-7所示，东部沿海经济区的现代化经济体系得分为0.883，排在第一位；北部沿海经济区的现代化经济体系得分为0.833，排在第二位；南部沿海经济区现代化经济体系得分为0.765，排在第三位；长江中游经济区现代化经济体系得分为0.728，排在第四位；东北经济区现代化经济体系得分为0.719，排在第五位；黄河中游经济区现代化经济体系得分为0.708，排在第六位；西南经济区现代化经济体系得分为0.652，排在第七位；西北经济区现代化经济体系得分为0.431，排在第八位。其中东部沿海经济区和北部沿海经济区处于高现代化经济体系发展水平，南部沿海经济区、长江中游经济区、东北经济区及黄河中游经济区处于中等现代化经济体系发展水平，西南经济区和西北经济区处于低现代化经济体系发展水平。从八大经济区域来看，东部沿海经济区依托长三角的区位优势和长期积累的经济优势，各现代化经济体系子体系的得分均较高，从而让其现代化经济体系发展到一个比较高的水平。北部沿海经济区主要依托首都经济辐射和京津冀协同发展使其现代化经济体系得分也处于一个较高的水平。南部沿海经济区得分仅次于以上两个经济区，如果加紧海南自贸区的建设和发展，其现代化经济体系水平会有一个质的飞跃。长江中游经济区、东北经济区以及黄河中游经济区处于中等偏下的现代化经济发展水平，其中大部分省份属于中部地区，内可与西部地区建立直接经济联系,直达能源运输的"咽喉",外可借鉴东部地区的发展成果惠及自身,具有很强的增长潜力。而西南经济区和西北经济区的经济现代化程度较低,人、财、物力的制约因素比较大,当前一段时间,提高现代化经济体系水平的关键,主要在于按照"十四五"经济发展规划,结合"一带一路"建设布局,充分利用后发优势走出一条既有潜力又有动力的经济发展之路,例如贵州省顺应大数据技术的发展趋势,以"大数据+"为核心,走在全国大数据开发利用的前列。

(三)现代化经济体系发展差异总述

三大地区和八大经济区域综合来看,现代化经济体系发展的区域差异显著。在东部、中部和西部的现代化经济体系发展水平比较中,东西部之间的差异显著大于东中部之间和中西部之间的差异,中部可以借助后发优势形成较大的增长动能,而制约西部现代化经济体系建设和发展的主要因素是创新动力不足和对外开放程度不高。八大经济区域中,东部沿海和北部沿海凭借优越的地理区位优势、社会历史发展优势等硬优势及信息化、产业化、智能化等新优势,让其现代化经济体系发展到较高的水平;南部沿海经济区、长江中游经济区、东北经济区、黄河中游经济区依托对外贸易、雄厚的工业基底和产业转型具有赶上前两个高水平现代化经济体系经济区域的潜力;而西部在创新体系、市场体系、经济体制、产业体系、绿色发展体系、共享发展体系、区域协调发展体系及对外开放体系上都有努力的空间。我国现代化经济体系发展的空间区域性差异明显,发挥优势经济区域或省份的带动作用有利于减弱现代化经济体系发展的不平衡性和不充分性。

三、全国及各省份现代化经济体系的优势与不足

现代化经济体系是由8个子系统构成的一个科学完整的体

系,每个省份有其优势也必然会存在劣势,了解各子体系的发展现状才能更好地知道每个省份的不足,找到问题所在才能对症下药,也才能提高各省份现代化经济体系的发展水平。

(一)全国及各省份现代化经济体系子体系得分

1. 创新体系得分及排名

创新体系得分及排名如表 4-8 所示。

表 4-8 创新体系得分及排名

全国及各省份	创新体系得分	排名	全国及各省份	创新体系得分	排名
北京	0.183	1	吉林	0.019	17
上海	0.079	2	湖南	0.019	18
天津	0.053	3	甘肃	0.018	19
广东	0.043	4	宁夏	0.015	20
江苏	0.041	5	青海	0.015	21
陕西	0.040	6	海南	0.014	22
浙江	0.038	7	河北	0.014	23
全国	0.034	8	山西	0.013	24
安徽	0.028	9	江西	0.012	25
湖北	0.027	10	河南	0.012	26
山东	0.026	11	广西	0.012	27
辽宁	0.026	12	云南	0.011	28
重庆	0.025	13	内蒙古	0.010	29
福建	0.024	14	新疆	0.009	30
四川	0.023	15	贵州	0.007	31
黑龙江	0.023	16	西藏	0.005	32

第四章
现代化经济体系评价指标实证分析

创新体系主要是从创新发展动力、创新发展水平和创新人才的培育三个方面综合衡量全国及各省份的创新体系发展水平。从得分上来看,排名前五位的分别是北京、上海、天津、广东和江苏,排在最后的五位分别是云南、内蒙古、新疆、贵州和西藏。得分的高低程度直接反映各省份创新动力的强弱、创新水平的高低和创新人才培育力度的大小。北京的创新体系得分最高,由此反映其创新水平和能力在全国及各省份中都是首屈一指的;而西藏的创新体系得分仅有 0.005,表明其科研经费及人才的投入均比较低。

2. 市场体系得分及排名

市场体系得分及排名如表 4-9 所示。

表 4-9 市场体系得分及排名

全国及各省份	市场体系得分	排名	全国及各省份	市场体系得分	排名
浙江	0.129	1	全国	0.093	17
江苏	0.128	2	广西	0.093	18
上海	0.127	3	吉林	0.092	19
天津	0.126	4	黑龙江	0.091	20
广东	0.123	5	河北	0.090	21
北京	0.117	6	陕西	0.087	22
福建	0.110	7	海南	0.084	23
重庆	0.108	8	山西	0.079	24
山东	0.107	9	云南	0.075	25
安徽	0.100	10	贵州	0.075	26
湖北	0.099	11	宁夏	0.074	27
河南	0.098	12	内蒙古	0.073	28
辽宁	0.097	13	甘肃	0.067	29
四川	0.096	14	新疆	0.056	30
湖南	0.095	15	青海	0.055	31
江西	0.094	16	西藏	0.012	32

市场体系主要用来反映政商和谐程度、市场竞争是否充分以及市场环境是否良好等情况。市场体系得分越高,相应的就变现为政商和谐度较高(也即政府和市场的关系处理得当)、市场竞争较为充分以及市场环境良好。从市场体系得分上看,浙江、江苏、上海、天津、广东等地的市场体系较为完善,而内蒙古、甘肃、新疆、青海和西藏等地的市场发育水平有待进一步提高,应适当减少政府及公职人员对市场的干预和寻租行为,完善市场准入等制度,充分释放市场活力。市场体系的差异度主要体现在组间(省份之间)和组内(市场体系指标之间),因此,在提高市场体系发展水平时,不仅要注重把握市场本身,也要注重从外面吸收可供借鉴的经验做法来激发市场活力。

3. 经济体制得分及排名

经济体制得分及排名如表 4-10 所示。

表 4-10 经济体制得分及排名

全国及各省份	经济体制得分	排名	全国及各省份	经济体制得分	排名
北京	0.175	1	湖南	0.064	17
上海	0.116	2	山西	0.063	18
江苏	0.103	3	全国	0.061	19
天津	0.096	4	江西	0.060	20
浙江	0.096	5	黑龙江	0.059	21
广东	0.088	6	新疆	0.059	22
山东	0.084	7	云南	0.056	23
重庆	0.083	8	广西	0.054	24
湖北	0.082	9	河南	0.049	25
海南	0.081	10	河北	0.048	26
陕西	0.081	11	甘肃	0.047	27
福建	0.078	12	贵州	0.047	28

第四章
现代化经济体系评价指标实证分析

续表

全国及各省份	经济体制得分	排名	全国及各省份	经济体制得分	排名
安徽	0.071	13	宁夏	0.045	29
辽宁	0.070	14	内蒙古	0.039	30
吉林	0.067	15	青海	0.038	31
四川	0.065	16	西藏	0.036	32

经济体制主要从经济增长、物价稳定、就业稳定和宏观调控上反映政府对经济的作用情况，经济体制得分的高低很好地体现了政府对社会经济贡献率的高低，社会主义一大特征就是能集中力量办大事，这是资本主义所无法完成的，而政府是否有为很大程度上决定了政府集中力量办大事的能力强弱，也表现了一国经济体制的有效性。在经济体制得分中，北京、上海、江苏、天津和浙江得分较高，而贵州、宁夏、内蒙古、青海和西藏的得分较低。

4. 产业体系得分及排名

产业体系得分及排名如表 4-11 所示。

表 4-11 产业体系得分及排名

全国及各省份	产业体系得分	排名	全国及各省份	产业体系得分	排名
上海	0.036	1	湖南	0.020	17
北京	0.032	2	辽宁	0.019	18
重庆	0.027	3	山西	0.019	19
天津	0.025	4	江西	0.018	20
浙江	0.025	5	广西	0.018	21
全国	0.025	6	陕西	0.018	22
吉林	0.024	7	云南	0.018	23
广东	0.024	8	河北	0.018	24
安徽	0.024	9	新疆	0.017	25

续表

全国及各省份	产业体系得分	排名	全国及各省份	产业体系得分	排名
四川	0.023	10	甘肃	0.017	26
江苏	0.023	11	黑龙江	0.016	27
湖北	0.022	12	青海	0.016	28
福建	0.022	13	内蒙古	0.015	29
海南	0.021	14	贵州	0.015	30
河南	0.021	15	宁夏	0.013	31
山东	0.021	16	西藏	0.010	32

产业体系是现代化经济体系的后盾，没有完整的产业体系，就难有高水平的现代化经济体系，产业体系是国民经济的重中之重。本研究主要通过产业协调、产业发展、产业创新以及产业转型升级四个维度对全国及各省份产业体系的发展水平进行综合衡量。由表4-11可知，上海、北京、重庆的产业体系得分较高，而贵州、宁夏、西藏的产业体系得分较低，得分较高的省份，其产业更具协调性且产业的创新能力较强。例如，北京2019年的产业结构与就业结构偏离度值为0.0012，产品质量优等品率为67.4%；而贵州相应的数值为0.6772和53%。产业体系现代化是经济体系现代化的基石，提高产业体系发展水平，要从促进产业协调发展、培育产业创新能力、加快产业转型升级三个方面同时发力。

5. 绿色发展体系得分及排名

绿色发展体系得分及排名如表4-12所示。

表4-12 绿色发展体系得分及排名

全国及各省份	绿色发展体系得分	排名	全国及各省份	绿色发展体系得分	排名
福建	0.175	1	四川	0.118	17

第四章
现代化经济体系评价指标实证分析

续表

全国及各省份	绿色发展体系得分	排名	全国及各省份	绿色发展体系得分	排名
北京	0.166	2	湖北	0.118	18
江西	0.166	3	河北	0.115	19
浙江	0.163	4	安徽	0.114	20
上海	0.154	5	内蒙古	0.110	21
海南	0.151	6	全国	0.109	22
广东	0.150	7	贵州	0.108	23
陕西	0.140	8	山西	0.107	24
湖南	0.135	9	河南	0.102	25
重庆	0.134	10	黑龙江	0.098	26
天津	0.134	11	广西	0.097	27
云南	0.129	12	宁夏	0.083	28
辽宁	0.127	13	西藏	0.054	29
山东	0.125	14	新疆	0.049	30
吉林	0.122	15	青海	0.047	31
江苏	0.120	16	甘肃	0.047	32

本研究主要从资源节约、环境友好及环境治理能力改善三个维度衡量绿色发展体系的水平。绿水青山就是金山银山，生态保护与经济发展并不矛盾反而相辅相成；保护环境就是保护生产力，改善环境就是发展生产力。在绿色发展体系得分中，福建、北京、江西、浙江、上海得分较高，说明其既很好地提高了经济发展水平线又守住了保护生态的红线，充分将经济发展与环境保护与治理融合起来，走上了绿色低碳发展的道路。而宁夏、西藏、新疆、青海、甘肃的绿色发展体系得分较低，说明其经济发展与环境保护的边际效益还有待进一步提高。

6. 共享发展体系的得分与排名

共享发展体系的得分与排名如表 4-13 所示。

表 4-13 共享发展体系的得分与排名

全国及各省份	共享发展体系得分	排名	全国及各省份	共享发展体系得分	排名
北京	0.046	1	安徽	0.019	17
上海	0.040	2	重庆	0.019	18
天津	0.033	3	海南	0.019	19
浙江	0.031	4	黑龙江	0.019	20
吉林	0.027	5	陕西	0.018	21
广东	0.026	6	河北	0.017	22
辽宁	0.026	7	湖南	0.017	23
江苏	0.026	8	青海	0.015	24
内蒙古	0.023	9	江西	0.015	25
福建	0.022	10	广西	0.015	26
山西	0.021	11	四川	0.014	27
宁夏	0.020	12	河南	0.014	28
湖北	0.020	13	甘肃	0.013	29
山东	0.020	14	云南	0.011	30
新疆	0.019	15	贵州	0.010	31
全国	0.019	16	西藏	0.007	32

共享发展体系体现经济的发展是否很好地惠及了人民。共享是社会主义本质的具体变现，现代化经济体系提升的衡量标准；它要求经济发展成果由人民共享、公共资源由人民共享、科技发展由人民共享、医疗卫生惠及人民、教育由人民共享等等。因此，得分越高，表明人民共享发展的水平越高、程度越深，就越能体现社会主义的优越性。北京、上海、天津、浙江、吉林在共享发展体系中位列前五名，表明其现代化经济的共享程度较高；而河南、甘肃、云

南、贵州、西藏排名末五位,现代化经济的共享程度较低,还需要在共享体系上作出更大的努力,以力求让经济发展的成果更多更好地惠及人民。从共享体系的得分和排名上我们也不难发现,位于第一梯队的基本上是东部沿海的省份;而中部地区和西部地区则位于第二和第三梯队。由此说明,在共享发展体系上,区域间的差异也较为明显。

7.城乡区域发展体系排名与得分

城乡区域发展体系排名与得分如表 4-14 所示。

表 4-14 城乡区域发展体系排名与得分

全国及各省份	城乡区域发展体系得分	排名	全国及各省份	城乡区域发展体系得分	排名
天津	0.093717	1	内蒙古	0.065646	17
上海	0.092288	2	江西	0.063022	18
北京	0.090289	3	湖南	0.060327	19
浙江	0.079114	4	安徽	0.059554	20
江苏	0.077586	5	四川	0.058527	21
广东	0.077449	6	河北	0.057141	22
辽宁	0.07378	7	宁夏	0.057069	23
湖北	0.073693	8	山西	0.056874	24
福建	0.072667	9	新疆	0.056018	25
海南	0.071555	10	河南	0.055642	26
吉林	0.070271	11	广西	0.054053	27
黑龙江	0.068853	12	青海	0.044067	28
重庆	0.068771	13	云南	0.038821	29
山东	0.067692	14	甘肃	0.037055	30
全国	0.067646	15	贵州	0.034103	31
陕西	0.065858	16	西藏	0.010571	32

城乡区域发展体系从全民差异、区域差异及城乡差异三个方面衡量社会融合、区域融合与城乡融合发展的情况,得分越高表明区域协调发展越好。从表 4-14 中我们不难看出,天津、上海、北京、江苏、浙江等经济较为发达地区的经济社会发展的融合度高于经济欠发达地区;全国线的城乡区域发展体系得分排名在第 15 位,说明还有 17 个省份的区域不协调发展高于全国水平,再一次验证了不平衡和不充分的发展是制约区域协调发展的主要因素。提高区域协调发展体系水平,要在产学研深度融合和乡村振兴战略上下足功夫。

8. 全面开放体系水平与得分

全面开放体系水平与得分如表 4-15 所示。

表 4-15 对外开放体系水平与得分

全国及各省份	全面开放体系得分	排名	全国及各省份	全面开放体系得分	排名
上海	0.021923	1	江西	0.004483	17
北京	0.019444	2	陕西	0.003849	18
广东	0.016002	3	湖南	0.00378	19
天津	0.014131	4	黑龙江	0.003624	20
江苏	0.010295	5	河南	0.003358	21
浙江	0.010031	6	四川	0.003319	22
福建	0.009818	7	广西	0.003083	23
海南	0.009223	8	新疆	0.003046	24
吉林	0.008768	9	云南	0.00291	25
辽宁	0.007832	10	河北	0.002518	26
全国	0.007554	11	内蒙古	0.002486	27
重庆	0.005985	12	西藏	0.002006	28
湖北	0.005564	13	宁夏	0.001746	29
安徽	0.005354	14	甘肃	0.001371	30

第四章
现代化经济体系评价指标实证分析

续表

全国及各省份	全面开放体系得分	排名	全国及各省份	全面开放体系得分	排名
山东	0.005299	15	贵州	0.000796	31
山西	0.004685	16	青海	0.00062	32

中国经济的腾飞得益于对外开放政策，对外开放程度的高低关乎经济发展的命脉，当今世界经济虽然存在局部动荡，但经济全球化的推进是一个不可逆的过程。本研究的对外开放体系主要从对外开放总体水平、对外吸引力、引进来走出去三个维度衡量各省份的对外开放程度。从表4-15可以看出，上海、北京、广东的对外开放程度排在全国前三位，而甘肃、贵州、青海的对外开放程度排在末三位，这符合中国社会经济发展的现状，开放程度高低依次是东部沿海地区＞中部地区＞内陆边境地区＞纯内陆地区，甘肃、贵州和青海位于开放程度最低的纯内陆地区。要提高各省份，尤其是内陆省份的对外开放程度从而提高其对外开放体系水平，需要大力加强陆海内外联动和东西双向互济的经济机制建设。

（二）全国及各省份现代化经济体系的优势与不足

不妨结合八大经济区域来看看各省份现代化经济体系发展的优势和劣势。从东部沿海经济区域来看，上海、浙江和江苏的现代化经济体系均处于高发展水平，在创新体系、市场体系、经济体制、城乡区域发展体系和全面开放体系上均有较高的得分和排名。上海的各项现代化经济体系得分都较高，综合发展水平最高；而浙江和江苏则需要更加注重绿色可持续发展。江苏的共享发展仅排名第16位，需要在追求经济增长和提升现代化经济体系发展水平的同时，更加要注重将发展的成果更多地惠及民生发展的各个领域。对于北部沿海经济区来说，北京和天津的各体系发展得都比较完善，天津的绿色发展体系相较于其他体系的得分较低，还需要在资源节约、环境保护及环境治理上有更大的投入；而河北明显成为北部沿海经济区现代化经济体系发展的短板，各项体系得分都需要进一步的提高，应发挥京津冀协同发展的力量以便能够有效带动河北乃至整个经济区的现代化经济体系发展更上一个台阶。南部沿海经济区域的优势和不足与北部沿海经济区的情形较为类似，福建和广东都处于高现代化经济体系发展水平，而只有海南处于低水平，经济区域内部的差距比较大。广东的各体系得分基本上稳居全国前八位，进一步提高现代化经济体系发展水平需要格外重视区域协调发展，缩小城乡之间及全体居民之间的差距。福建的绿色发展体系得分最高，排名第一，优势明显，说明福建在绿色可持续发展上做得最好，将经济发展与环境保护很好地融合了起来；而未来，需要在经济体制上有更大力度的改革。海南在绿色发展、区域协调发展和对外开放上具有优势，同时也要将产业单一、创新能力不足、市场发展不完善等劣势借助其区位优势和政策优势转化为现代化经济体系的发展动力。在长江中游经济区，安徽、江西、湖南、湖北的现代化经济体系和各子体系的得分基本上处于中等水平和位置，都有上升的空间，尤其要注重创新引领，增加科研投入，否则难以在下一轮的经济发展中实现现代化经济体系发展水平的"弯道超越"。在黄河中游经济区中，河南、陕西的现代化经济体系处于中等发展水平，而山西、内蒙古属于低水平；陕西的创新体系具有优势，河南在市场体系上的得分较其他体系高，而山西和内蒙古的各体系得分均处于中等偏下水平；共有的问题是产业体系不发达，转型比较慢，对农业和工业的依赖性比较强，创新发展能力也有待提高。打破技术创新的壁垒和传统产业的固有黏性是提高这四个地区现代化经济体系发展水平的关键所在。东北经济区中，辽宁的现代化经济体系发展水平高于黑龙江和吉林，在创新体系和市场体系上具有发展优势；吉林在产业体系上的得分高于辽宁和黑龙江，辽宁和吉林在共享发展上的得分和排名靠前；

三个省份在区域协调发展体系上均有不错的表现,但三个区域的产业能耗较高,黑龙江和吉林的创新动力不足;从第三产业和金融业的增长来看,整体区域产业转型升级速度仍然较慢;这些因素制约了东北经济区域现代化经济体系的发展水平。在西南经济区中,只有重庆和四川的现代化体系处于中等发展水平,重庆的各体系得分相较于其余各省份来说都具有较为明显的优势,尤其在创新体系上。云南、贵州和广西在创新体系、共享发展体系和对外开放体系上发展劣势明显,其年平均万人新增专利数均低于0.6个,人均受教育年限低于全国平均水平,对外开放程度也比较低。对西北经济区来说,青海、宁夏、甘肃、新疆、西藏的现代化经济体系都处于低发展水平,在创新体系、市场体系、经济体制、产业体系、绿色发展体系、共享发展体系、区域协调发展体系和对外开放体系上的发展都比较薄弱,西藏在创新体系、产业体系等5个子体系上更是排名最末位。总的来说,青海、宁夏、甘肃、新疆、西藏的现代化经济体系发展需要一个长足的规划、综合的发展,以创新发展为动力、协调发展为基调、绿色发展为底色、对外开放为活力、共享发展为本质,重点突出区域特色,走一条别具一格却又真实高效的现代化经济体系发展之路。

四、现代化经济体系的变化与发展

1. 2010—2019年全国现代化经济体系得分与变化总体评价

如表4-16所示,全国及各省份的现代化经济体系得分2010—2019年呈上升趋势,个别地区在某些年份虽有回调,但总体来看现代化经济体系得分都是上升的,由此说明全国及各省份的现代化经济体系随着社会经济的发展保持着良好的态势,这是符合中国具体发展实际的。中国从2010年以来尤其是党的十八大以来取得了很多辉煌的成就:GDP保持高速增长,经济总量达到世界第

表 4-16　2010—2019 年全国及各省份现代化经济体系发展状况

全国及各省份	年份									
	2010	2011	2012	2013	2014	2015	2016	2017	2018	2019
上海	0.841	0.851	0.865	0.899	0.924	0.940	0.945	0.956	0.967	0.980
北京	0.828	0.852	0.866	0.867	0.893	0.898	0.915	0.949	0.968	0.974
天津	0.837	0.874	0.887	0.887	0.898	0.904	0.870	0.855	0.885	0.919
浙江	0.780	0.810	0.835	0.856	0.863	0.858	0.870	0.880	0.901	0.912
江苏	0.812	0.848	0.861	0.876	0.882	0.878	0.890	0.889	0.892	0.895
广东	0.802	0.810	0.810	0.827	0.837	0.848	0.857	0.858	0.868	0.884
山东	0.783	0.799	0.818	0.839	0.859	0.849	0.855	0.858	0.849	0.874
福建	0.727	0.754	0.761	0.797	0.810	0.810	0.814	0.825	0.852	0.870
辽宁	0.751	0.745	0.755	0.779	0.774	0.750	0.769	0.804	0.833	0.834
重庆	0.675	0.704	0.690	0.730	0.765	0.776	0.795	0.823	0.811	0.824
河南	0.673	0.711	0.693	0.735	0.764	0.751	0.776	0.776	0.791	0.808
湖北	0.692	0.694	0.706	0.737	0.751	0.749	0.759	0.775	0.790	0.804
全国	0.698	0.727	0.732	0.747	0.748	0.749	0.752	0.760	0.779	0.798
陕西	0.648	0.661	0.681	0.720	0.718	0.714	0.711	0.736	0.766	0.788
江西	0.637	0.678	0.679	0.722	0.739	0.732	0.752	0.755	0.774	0.785
湖南	0.634	0.666	0.686	0.711	0.732	0.743	0.752	0.760	0.776	0.781

第四章
现代化经济体系评价指标实证分析

续表

全国及各省份	2010	2011	2012	2013	2014	2015	2016	2017	2018	2019
安徽	0.628	0.692	0.674	0.715	0.731	0.713	0.778	0.725	0.748	0.770
四川	0.632	0.677	0.675	0.697	0.704	0.703	0.722	0.735	0.740	0.763
吉林	0.670	0.695	0.693	0.717	0.720	0.714	0.710	0.703	0.745	0.763
河北	0.654	0.670	0.676	0.701	0.725	0.718	0.723	0.739	0.740	0.747
山西	0.642	0.672	0.668	0.683	0.662	0.660	0.683	0.731	0.734	0.729
内蒙古	0.631	0.673	0.668	0.689	0.679	0.682	0.684	0.699	0.710	0.723
广西	0.608	0.621	0.633	0.658	0.672	0.664	0.664	0.675	0.689	0.709
黑龙江	0.618	0.652	0.650	0.675	0.685	0.676	0.662	0.661	0.696	0.687
宁夏	0.544	0.558	0.579	0.648	0.662	0.586	0.650	0.622	0.666	0.672
贵州	0.469	0.514	0.533	0.568	0.586	0.599	0.609	0.616	0.655	0.664
海南	0.574	0.576	0.611	0.623	0.652	0.605	0.611	0.616	0.638	0.658
云南	0.516	0.522	0.528	0.527	0.567	0.572	0.541	0.556	0.614	0.631
新疆	0.415	0.443	0.447	0.486	0.497	0.464	0.475	0.518	0.547	0.612
甘肃	0.458	0.457	0.481	0.495	0.498	0.470	0.501	0.552	0.569	0.577
青海	0.399	0.440	0.423	0.443	0.456	0.404	0.454	0.455	0.505	0.486
西藏	0.002	0.003	0.004	0.090	0.098	0.110	0.115	0.160	0.182	0.201

二的水平;科技研发投入持续加大,在计算机、移动通信、航空航天等高科技领域做成了过去想做却没有做成的事,创新水平保持高速增长;产业转型升级加快,智能手机、汽车等先进制造业进入世界前列,涌现了一批世界级的高新技术企业,拥有世界上最多的独角兽企业;精准扶贫持续推进,截至 2019 年底,贫困发生率从 10% 以上下降到 0.6%,带动几千万贫困人口脱贫致富走向小康生活;居民可支配收入比由 2.99 下降到 2.64,泰尔指数由 0.13 下降到 0.03,贫富差距有缩小的趋势,人类发展指数上升到 0.754,达到中高水平;抓住了信息产业革命的浪潮,在 5G 技术上实现超越。这一切的成就,是经济现代化的重要象征,也是持续提升现代化经济体系发展水平的不竭动力。全国的现代化经济体系得分从 0.698 上升到 0.798,由低现代化经济体系发展水平提高到中等水平就是最好的证明。

2. 2010—2019 年各地区现代化经济体系得分与变化总体评价

从表 4-16 中还可以看出,上海、北京、天津、浙江、江苏和广东从 2010 年开始,现代化经济体系就处于较高的水平,截止到 2019 年,现代化经济体系得分仍然在稳定增加。其中上海、北京、天津、浙江四个地区得分更是超过了 0.9 的水平,浙江的增速最快,涨幅最大,从中等现代化经济体系发展水平一跃上升到高等偏上水平。这六个地区的发展代表了国内最高的发展水平,其现代化经济体系的建设已比较全面,在创新体系、市场体系、经济体制等现代化经济体系的子体系上都具有明显的发展优势。山东、福建、辽宁三个地区的共同点是都从中等现代化经济体系发展水平跨越到高等现代化经济体系发展水平,其中福建的增幅最大,从 2010 年的 0.727 增加到 0.870。综合 2010—2019 年的得分来看,重庆、河南、湖北三个地区均处于中等现代化经济体系水平,但近年来都有突破到高等水平的态势,从低于0.7的中等水平线提高到0.8以上,潜力较大。陕西、江西、湖南、安徽、四川、吉林、河北、山西、内蒙古、广西等10个地区都从2010年的低现代化经济体系发展水平过渡到中等发展水平,陕西、江西、湖南、安徽、四川、吉林、河北的过渡速度比较快,大多花了3~4年,而山西、内蒙古、广西过渡速度比较慢,大多花了7~8年。就平均10年的发展情况来看,山西、内蒙古、广西仍处于低现代化经济体系发展水平。黑龙江、宁夏、贵州、海南、云南、新疆、甘肃、青海、西藏在2010年到2019年之间都处于一个比较低的现代化经济体系发展水平,除了黑龙江始终比较稳定地维持在0.6~0.7的发展水平以外,其余地区的增幅均较大,其中以贵州、新疆、西藏的增速最快、增幅最大,但西藏的现代化经济体系发展水平明显滞后于全国线和其余30个地区,需要全面施测,综合提升其现代化经济体系水平。

五、2020—2021年全国及各省份现代化经济体系得分及排名预测

(一)全国现代化经济体系发展水平预测

根据2010—2019年全国及各省份的现代化经济体系得分,通过时间序列指数平滑模型,本研究对2020—2021年全国的现代化经济体系发展水平进行了预测。

1. 模型基本统计信息

模型统计量如表4-17所示。

表4-17 模型统计量

模型	预测变量数	模型拟合统计量	离群值数
		平稳的 R^2 统计量	
全国-模型_1	0	0.724	0

表 4-17 给出了模型的基本统计信息,可以看出,平稳的 R^2 统计量=0.724>0,说明选用的 Holt 线性模型要优于基本的均值模型。

2. 残差序列图

图 4-2 是关于残差自相关(ACF)和残差偏自相关(PACF)序列图,由图可见,两个图形都没有显著的拖尾性和截尾性。因此,可以初步判断所选的模型是比较恰当的。

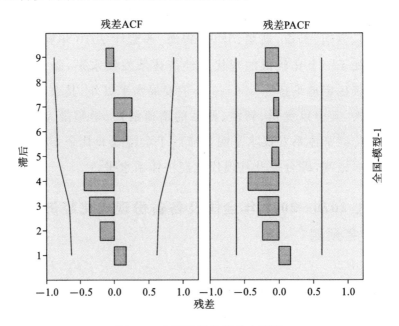

图 4-2 全国数据的残差序列图

3. 预测结果输出

预测结果如表 4-18 所示。

表 4-18 预测结果

模型		2020	2021
全国-模型_1	预测	0.798	0.807
	UCL	0.828	0.837
	LCL	0.769	0.778

第四章
现代化经济体系评价指标实证分析

由表4-18可以看出,根据2010—2019年数据趋势,2020年全国现代化经济体系的模型预测值约为0.798,2021年的预测值约为0.807,由此说明,到中国共产党建党100周年的2021年,我国的现代化经济体系有了一个质的飞跃,达到比较高的现代化经济体系发展水平。

(二)各省份现代化经济体系得分及排名预测

根据以上预测方法和步骤,本研究对31个省份2020—2021年的现代化经济体系得分进行了预测,并按照得分高低进行了排名,具体如表4-19所示(部分省份的残差序列图见附录F,部分省份预测拟合图见附录G)。

表4-19 各地区现代化经济体系得分及排名预测

全国及各省份	2019年实际得分	实际排名	2020年预测得分	预测排名	2021年预测得分	预测排名
上海	0.980	1	0.983	1	0.998	1
北京	0.974	2	0.978	2	0.989	2
天津	0.919	3	0.932	3	0.94	3
浙江	0.912	4	0.925	4	0.937	4
江苏	0.895	5	0.898	6	0.901	6
广东	0.884	6	0.891	5	0.912	5
山东	0.874	7	0.883	7	0.892	8
福建	0.870	8	0.882	8	0.898	7
辽宁	0.834	9	0.834	9	0.844	9
重庆	0.824	10	0.828	10	0.837	10
河南	0.808	11	0.821	11	0.834	11
湖北	0.804	12	0.818	12	0.832	12
全国	0.798	13	0.798	13	0.807	13
陕西	0.788	14	0.788	16	0.803	14
江西	0.785	15	0.796	14	0.801	16

续表

全国及各省份	2019年实际得分	实际排名	2020年预测得分	预测排名	2021年预测得分	预测排名
湖南	0.781	16	0.791	15	0.799	17
安徽	0.770	17	0.788	17	0.803	15
四川	0.763	18	0.773	19	0.786	18
吉林	0.763	19	0.775	18	0.783	19
河北	0.747	20	0.759	20	0.771	20
山西	0.729	21	0.738	21	0.747	21
内蒙古	0.723	22	0.723	22	0.731	22
广西	0.709	23	0.718	23	0.726	23
黑龙江	0.687	24	0.697	24	0.703	25
宁夏	0.672	25	0.689	25	0.703	26
贵州	0.664	26	0.689	26	0.715	24
海南	0.658	27	0.658	27	0.666	27
云南	0.631	28	0.64	28	0.652	28
新疆	0.612	29	0.626	29	0.639	29
甘肃	0.577	30	0.578	30	0.593	30
青海	0.486	31	0.49	31	0.499	31
西藏	0.201	32	0.287	32	0.341	32

(1)根据预测结果可以发现,建党100周年的2021年,全国及各省份的现代化经济体系得分均呈上升趋势,全国的现代化经济体系得分也将首次超过0.8,迈入高现代化经济体系发展水平。可以预见,在习近平新时代中国特色社会主义经济思想的引领下,我国将继续攻克难题,取得更好的发展,同时现代化经济体系发展综合水平也将在创新引领、产业升级、市场完善和人民安居乐业中不断提高。但也要看到,还有山西、内蒙古、广西、黑龙江、宁夏、贵州、海南、云南、新疆、甘肃、青海、西藏等12个地区处于中等偏下甚至低现代化经济体系发展水平,改变现代化经济体系空间区域

第四章
现代化经济体系评价指标实证分析

发展不平衡不充分的发展依然是亟待解决的问题。但2020年的新冠疫情应该对该趋势有较大的影响，通过对比可以发现2020—2021年现代化经济体系建设实际实现的情况与该趋势的差异，以反映新冠疫情对现代化经济体系建设的影响程度，这将在本研究的后续工作中展开。

（2）根据模型预测结果，在高于全国线水平的12个地区中，2020—2021年，上海、北京、天津、浙江的现代化经济体系发展水平依然稳居全国前四位；而广东将会超过江苏取代其第五位的位置；福建也将在2021年超过山东，排名上升到第七位；其余省份排名变动不大但现代化经济体系发展水平在稳步提升。从低于全国线的省份来看，陕西和江西将会进入高现代化经济体系发展时期，现代化经济体系发展水平将会有一个质的飞跃；湖南维持在15~17位；安徽的得分和排名均有重大突破，不仅达到高现代化经济体系发展水平，排名也将从第17位上升到第15位；四川、吉林、河北、山西、内蒙古、广西得分稳定上升；黑龙江、宁夏和贵州将从低现代化经济体系水平发展到中等现代化经济体系水平；海南、云南、新疆、甘肃、青海、西藏仍然处于低水平的现代化经济体系，需要破釜沉舟式的经济变革才能会有更好的提升。

（3）总的来说，我国现代化经济体系建设与发展的上升趋势明显，前途是光明的。但是，发展的同时问题也比较突出，现代化经济体系建设与发展的薄弱环节凸显，处于低现代化经济体系发展水平的地区需要突破发展的短板与瓶颈，才能适应全国现代化经济体系发展和提高的整体步伐。

第五章
主要结论与政策建议

第一节 主要结论

一、全国处于中等现代化经济发展水平

从现代化经济体系发展的整体水平来看,截至2019年我国全国处于中等现代化经济体系发展水平,但各省份有差异。研究样本中,高现代化经济体系发展水平的省份只有12个,不到总体的30%;而中低等现代化经济体系发展水平的省份有19个,占比70.97%。表明各省份间的差距仍很大,现代化经济体系具有空间地域不平衡的特点,主要受社会经济不平衡和不充分发展的制约。从与全国平均水平线的比较来看现代化经济体系发展水平的差距,可以看出:全国线的现代化经济体系得分为0.798,排在第13位(见表4-19),处于中等现代化经济体系发展水平;高于全国平均水平(全国线)的省份有12个,而低于全国线的省份则达19个。排名前三位的分别是上海、北京和天津,属于极高的现代化经济体系发展水平;排名末尾三位的是新疆、青海和西藏,属于极低的现代化经济体系发展水平;排名最高的上海和最低的西藏,现代化经济体系得分差值为0.779,差距较大。总的来看,东部及沿海地区与西部内陆地区的差距较大,西南和西北地区是我国全面建设现

代化经济体系的薄弱环节,要提升全国的现代化经济体系水平,依托区域协调发展战略和"一带一路"建设布局啃下西部这块"硬骨头"是重中之重。

二、各地区现代化经济体系发展水平差异明显

从现代化经济体系发展的区域差距上看,东、中、西部三个地区呈梯度递减,其中东部地区处于高现代化经济体系发展水平,中部地区处于中等现代化经济体系发展水平;西部地区处于低现代化经济体系发展水平。造成这种差异的原因,除了地理位置、历史文化、基础设施等"硬"差异之外,东西部地区在创新动力及水平、市场完善程度、产业转型升级、对外开放水平和人才信息流动等"软"差异也比较明显。如何营造创新联动、产业循环、人才流动的东、中、西部闭环螺旋上升的经济发展体制机制环境,是促进东、中、西部现代化经济体系水平提升和平衡发展的一大关键。从八大经济区域来看,东部沿海经济区依托长三角的区位优势和长期积累的经济优势,各现代化经济体系子体系的得分均较高,其现代化经济体系发展到一个比较高的水平。北部沿海经济区主要依托首都经济辐射和京津冀协同发展使其现代化经济体系得分也处于一个较高的水平。南部沿海经济区得分仅次于以上两个经济区,如果加紧海南自贸区的建设和发展,其现代化经济体系发展水平会有一个质的飞跃。长江中游经济区、东北经济区以及黄河中游经济区处于中等偏下的现代化经济体系发展水平,其中大部分省份属于中部地区,内可与西部地区建立直接经济联系,直达能源运输的"咽喉",外可借鉴东部地区的发展成果惠及自身,具有很强的增长潜力;而西南经济区和西北经济区的经济现代化程度较低,人、财、物力的制约因素比较大。因此,三大地区八大经济区综合来看,现代化经济体系发展的区域差异显著。在东部、中部和西部

的现代化经济体系发展水平比较中,东西部之间的差异显著大于东中部之间和中西部之间的差异,中部可以借助后发优势形成较大的增长动能,而制约西部现代化经济体系建设和发展的主要因素是创新动力不足、对外开放程度不高。八大经济区中,东部沿海和北部沿海凭借优越的地理区位优势、社会历史发展优势等"硬"优势及信息化、产业化、智能化等新优势,其现代化经济体系得以发展到较高的水平;南部沿海经济区、长江中游经济区、东北经济区、黄河中游经济区依托对外贸易、雄厚的工业基础和产业转型具有赶上前两个高水平现代化经济体系经济区的潜力,而西部在创新体系、市场体系、经济体制、产业体系、绿色发展体系、共享发展体系、区域协调发展体系及对外开放体系上都有努力提升的空间。我国现代化经济体系发展的空间区域性差异明显,发挥优势经济区域或省份的带动作用有利于缩小现代化经济体系发展的不平衡性和不充分性。

三、全国各省份的现代化经济体系各子体系发展水平各有优劣势

从全国及各省份现代化经济体系子体系得分情况上看,各省份在创新体系、市场体系、经济体制和产业体系等八个方面各有优劣势。

创新体系得分的高低程度直接反映各省份创新动力的强弱、创新水平的高低和创新人才培育力度的大小。从得分上来看,排名前五的分别是北京、上海、天津、广东和江苏,北京的创新体系得分最高,由此反映其创新水平和能力在全国及各省份中都是首屈一指的。排在最后五位的分别是云南、内蒙古、新疆、贵州和西藏,而西藏的创新体系得分仅有 0.005,表明其科研经费及人才的投入均比较低。

第五章
主要结论与政策建议

市场体系得分的高低主要反映政商和谐程度、市场竞争是否充分以及市场环境是否良好,市场体系得分较高,相应就变现为政商和谐度较高(也即政府和市场的关系处理得当)、市场竞争较为充分以及市场环境良好。从市场体系得分上看,浙江、江苏、上海、天津、广东等地的市场体系较为完善,而内蒙古、甘肃、新疆、青海和西藏等地的市场发育水平有待进一步提高。市场体系的差异度主要体现在组间(省份之间)和组内(市场体系指标之间)。

经济体制得分的高低很好地体现了政府对社会经济发展的作用。在经济体制得分中,北京、上海、江苏、天津和浙江得分较高,而贵州、宁夏、内蒙古、青海和西藏的得分较低。

产业体系得分是通过产业协调、产业发展、产业创新以及产业转型升级四个维度对全国及各省份产业体系发展水平进行的综合衡量。上海、北京、重庆的产业体系得分较高,而贵州、宁夏、西藏的产业体系得分较低,得分较高的省份产业更具协调性且产业的创新能力较强。

绿色发展体系得分主要体现在资源节约、环境友好及环境治理能力三个维度上。在绿色发展体系得分中,福建、北京、江西、浙江、上海得分较高,说明其既很好地提高了经济发展水平线又守住了保护生态的红线,将经济发展同环境保护与治理充分融合起来,走上了绿色低碳发展的道路;而宁夏、西藏、新疆、青海、甘肃的绿色发展体系得分较低,说明其经济发展与环境保护的边际效益还有待进一步提高。

共享发展体系得分越高,表明人民共享发展的水平越高、程度越高,就越能体现社会主义的优越性。北京、上海、天津、浙江、吉林在共享发展体系中位列前五名,表明其现代化经济的共享程度较高;而河南、甘肃、云南、贵州、西藏排名末五位,现代化经济的共享程度较低,还需要在共享体系上作出更大的努力,力求让经济发展的成果更多更好地惠及人民。从共享体系的得分和排名上我们也不难发现,位于第一梯队的基本上是东部沿海省份,而中部地区和西部地区则位于第二和第三梯队,由此说明,在共享发展体系上,区域间的差异也较为明显。

城乡区域发展体系从全民差异、区域差异及城乡差异三个方面衡量了社会融合、区域融合与城乡融合发展的情况。天津、上海、北京、江苏、浙江等经济较为发达地区的经济社会发展融合度高于经济欠发达地区,全国线的区域协调发展体系得分排名在第15位,说明有17个省份的区域不协调发展高于全国水平,再一次验证了不平衡和不充分发展是制约区域协调发展的主要因素。

全面开放体系主要从对外开放总体水平、对外吸引力、引进来走出去三个维度衡量各省份的对外开放程度。上海、北京、广东的对外开放程度较高,而甘肃、贵州、青海的对外开放程度相对较低,这与中国社会经济发展的整体状况基本吻合,对外开放程度高低依次是东部沿海地区＞中部地区＞内陆沿边地带＞纯内陆地区,甘肃、贵州和青海正是位于开放程度最低的纯内陆地区。要提高各省份,尤其是内陆省份的对外开放程度,从而提高其对外开放体系水平,需要大力加强陆海内外联动和东西双向互济的经济机制建设。

四、全国及各省份未来现代化经济体系发展水平呈上升趋势

根据2010—2019年的发展趋势预测2020—2021年的现代化经济体系发展水平可以发现,如果没有其他突发情况的影响,2020—2021年全国及各省份的现代化经济体系得分均呈上升趋势,全国的现代化经济体系得分也首次超过0.8,迈入高现代化经济体系发展水平,同时现代化经济体系发展综合水平也在创新引领、产业升级、市场完善和人民安居乐业中不断提高。有12个省

第五章
主要结论与政策建议

份的发展水平超过全国平均水平,但各省份的排位顺序将略有变化。同时还有山西、内蒙古、广西、黑龙江、宁夏、贵州、海南、云南、新疆、甘肃、青海、西藏12个省份处于中等偏下甚至低现代化经济体系发展水平。总的来说,我国未来现代化经济体系建设与发展上升趋势明显,但发展的同时问题也比较突出,现代化经济体系建设与发展的薄弱环节凸显,处于低现代化经济体系发展水平的地区需要突破发展的短板与瓶颈才能适应全国现代化经济体系发展和提高的步伐。

第二节　政策建议

建设现代化经济体系是跨越关口的迫切要求和我国发展的战略目标。建设现代化经济体系,需要深入贯彻"创新、协调、绿色、开放、共享"新发展理念,以新发展理念为指导,构建新时代中国特色社会主义现代化经济体系既符合中国发展实际又符合马克思主义基本逻辑。本研究认为应该从以下几个方面构建和完善现代化经济体系。

一、坚持大力发展实体经济

实体经济为一国之本,实体经济强不强,决定了现代化经济体系的建设与发展水平,也在很大程度上决定了国家发展的前途和命运。实体经济的发展是经济体系创新、协调、绿色、开放和共享发展的重要基础。因此,要始终坚持以实体经济为主导,避免经济脱实向虚,保持合理的经济虚实比例。

第一,要落实供给侧改革的主线。

中国经济进入三期叠加交汇期,传统的周期性需求侧改革已不能适应经济的转型和发展,产能过剩出清难度加大等一系列问题都需要供给侧改革来推动。首先,要提升全要素生产率,促进技术水平、知识、人力资本等生产要素质的提升;其次,要依靠制度变革推动供给侧改革,完善社会主义市场经济体制,坚持市场在资源配置中的决定作用和更好发挥政府作用这两个作用相结合;最后,落实供给侧结构性改革,还要优化结构,包括优化产业结构、消费结构、区域结构、要素投入结构和收入分配结构等。

第二,要防范和化解重大金融风险,避免政府出现债务危机。

发展过程中要分清政府与市场的作用,明确政府和企业主体的责任,减轻各地区政府的负债率,禁止虚假投资,维持金融市场基本稳定,既要避免出现重大金融风险,又要保持市场的生机活力。

第三,要促进产业转型升级,协调发展。

逐渐转变经济发展方式,淘汰落后产能,促使产业从劳动密集型转向技术密集型。提升产品的质量,依靠技术创新或者制度创新将产业向"微笑曲线"两端移动,占领产品上游市场。加快发展先进制造业,推动制造业朝着高级化、集群化趋势发展。利用新材料、新能源,通过精细化生产、智能制造打造高端制造业,提高竞争能力,推动互联网、大数据与实体经济深入融合,推动制造业高质量发展,加快建设制造强国。推进产业转型升级,培育新兴产业和新的经济增长点,形成新的竞争优势;加快促进三次产业充分协调发展,持续推进产业结构优化升级。推动现代服务业高级化发展,依据现代化城市与企业的发展要求,拓展新型服务领域,推动科学咨询、专业服务等技术含量高的知识密集型服务业发展,提高社会生产效率,打造智能化服务新模式。

二、深入推进创新驱动发展战略

创新是发展的第一动力,是建设现代化经济体系的战略支撑;

第五章
主要结论与政策建议

现代化经济体系要强,创新能力必须强。深入推进创新驱动发展战略、促进现代化经济体系发展水平的提升,需要从以下方面入手。

(1)派发各类主体的创新动力。创新动力为创新之源,是推动创新驱动发展战略的强力引擎,全国及各省份的创新动力不足主要因为对科研经费的投入不够、对高科技产业的投资力度尚小。增加科研经费投入、提高科研红利,有利于激发科技研发活力,聚集创新人才,从而夯实创新动力之基。

(2)树立知识产权意识,加快健全知识产权保护机制。我国民众的知识产权保护意识相对比较淡薄,知识产权保护机制也不够健全,专利的侵权盗用、图书的版权侵犯现象等时有发生,因此必须设置知识产权责任清单,建立侵权全民纠错系统,形成知识产权维护的全国网格体系。知识产权意识一日不树、知识产权保护机制一日不健全,创新水平就一日难以提升。

(3)不断提升自主研发水平,从技术依赖转向技术自主研发。改革开放以来,中国主要依靠比较优势和强大的市场换取西方的技术支持,但在日益复杂的国际形势下,以美国为首的西方大国加紧对中国的技术封锁,减少甚至禁止与我国的核心技术交流。因此,如何像华为一样走自主研发的道路在新一代通信等新技术新材料新工艺上实现超越是当前和今后需要探索的。中国创新之路必须从自发走向自为,重在自为。

(4)重点培育创新型人才。科技是第一生产力,人才是第一资源,创新是第一动力。在所有的生产要素中,人是最活跃的生产要素。深入推进创新驱动发展战略,促进现代化经济体系发展水平的提升关键在于培育创新人才。培育创新人才,首先要形成一套创新人才培养体系,例如可以建立校企专班、重点科研项目专班;其次要转变教育方式,创新人才教育要实现从"通"转向"精",在学业上减重,在专业上增重;最后要不断提高创新人才的素质和道德情怀,培育身体素质过硬、专业本领过硬、有道德、有信仰的创新人才。

三、积极促进区域协调发展

中国社会的主要矛盾已经从"人民日益增长的物质文化需要同落后的社会生产之间的矛盾"转变为"人民日益增长的美好生活需要和不平衡不充分的发展之间的矛盾"。而现代化经济体系的区域不平衡不充分发展也十分明显,不平衡发展尤为突出,具体表现为三大地区之间、八大经济区之间、城乡之间和人民内部的不平衡。在2020年福布斯发布的全球亿万富豪榜中,中国有389人上榜,财富总额达1.2万亿美元。而根据2019年国家统计年鉴的数据,中国还有6亿人月收入不足1000,也就是说这389人的财富值比6亿人口的总年收入还要高。因此,针对各个地区的实际情况来分别定制差别化的发展政策,抓紧落实区域协调发展战略,促进现代化经济体系协调发展,则重点需要从以下方面入手。

(1)充分发挥各地区的现有优势,促进区域的协调发展。东部地区企业应以技术与知识密集型产业为主导,不断增强自主创新能力,促进劳动密集型产业向中西部转移;中部地区劳动力、能源原材料资源充沛,且有较好的制造业基础,应当依托自身优势,加快粮食生产基地、能源原材料基地、现代装备制造及高技术产业基地建设,促进中部崛起战略;西部地区考虑生态环境承载能力,有序开发能源与矿产资源,根据自身比较优势培育产业,推进形成西部大开发新格局;东北老工业基地实施东北振兴战略,深化经济体制改革,加快产业转型升级,形成内部推动机制,逐步实现区域之间功能互补,强化各区域发展优势。

(2)改变以邻为壑、各自为营的区域发展和竞争格局。市场经

第五章
主要结论与政策建议

济造就了中国的发展,同时也带来了区域发展失衡、恶性竞争和产业同质,过去的市场经济带有浓厚的地方保护主义色彩,也留下了众多的寻租空间。这是造成区域发展不平衡不充分的重要原因,所以,促进区域协调发展,首要的是将以邻为壑、各自为营的区域发展格局转向协调互补、区域联动的发展格局,大力推行经济去中心化、去同质化、去恶性竞争化,核心在于建立统一开放、竞争有序的市场和减少地方贸易保护主义,从而带动东、中、西部协调发展。推动南北地区内部欠发达省份经济发展,发挥发达省份优势,缩小南北地区经济发展差距。南北地区差距主要是由地区内部省份之间发展不均衡造成的。因此,对于南北地区内部发展较为落后的省份,地方政府应当依据当地可用于发展的内外资源条件、现有产业基础,以"十四五"、国土空间等规划编制为契机,抢抓重大机遇,加强统筹规划、整体布局,谋划实施一系列带动性强、发展前景好的项目,充分发挥后发优势,探索发展新路,强力打造高质量发展新高地;对于南北地区内部发展相对发达的省份,在发挥自身优势的同时,可以在已有优势的领域精耕细作,打造当地经济发展新增长点,逐步形成优势产业集群,对标高质量发展要求,致力于满足人民群众日益增长的美好生活需要,不断提升产品层次与档次。

(3)大力倡导乡村振兴战略,缩小城乡差距。第一,加大对农村基础设施建设的投资力度,将农村与城市连接起来,避免农村高速"脱轨";第二,以工业反哺农业,以城市反哺农村,开展特色农村集体合资企业,鼓励农民以土地、劳动力等投资入股;第三,确保农村土地承包经营权长期不变,形成土地所有权、承包权、经营权三权分置的格局,提高土地流转效率和生产效率,从而保证农民的利益;第四,大力发展乡村特色旅游,形成"一村一貌,千村不同"的格局;第五,创建专项基金,鼓励村民及大学生回村创业,带动更多人就业。

(4) 完善分配制度，形成合理的收入分配格局。要继续坚持和完善按劳分配为主体，多种分配方式并存的分配制度，既保障人民收入稳定增长又产生强大的制度激励效应。初次分配应注重处理效率与公平的关系；价值是凝结在商品当中无差别的人类劳动，只有抽象劳动才会创造价值，提高劳动报酬占工资收入的比重，有利于促进收入分配公平。再分配更加注重公平；政府应该调节过高收入，通过政策保障等提高低收入者的收入水平，确保收入差距落在合理区间，落在人民群众的可接受范围。

四、坚持绿色、可持续发展战略

绿水青山就是金山银山，保护环境就是保护生产力，转变经济发展方式首先要转变经济发展理念，坚持绿色、可持续发展战略是提升现代化经济体系发展水平的题中之义。

(1) 树立绿色发展理念，降低GDP能耗，迎接绿色经济。环保问题伴随着工业革命发展而产生，过去中国的经济发展具有高能耗、低效益等特点，碳排放过高，虽获得了较高的经济增长却也产生了一些弊端，最直接的是空气质量优良率降低，环境问题日益突出。降低GDP能耗、迎接绿色经济：首先，要提升科技水平，开发利用新能源，替代原有的旧能源；其次，要完善工业企业污染物排放标准并严格推行，对不达标企业进行环保整改，同时给予一定的整改期以方便企业过渡，稳定民生；最后，完善环保监察制度，以奖惩机制推行全民监督和企业自我监督，更高效率地促进绿色经济发展。

(2) 提高全民环保意识，设置生态保护红线。打赢污染防治攻坚战，重在全民参与，设置生态保护红线，提高全民环保意识，有利于建设环境友好型社会。统筹山水林田湖全面治理，大力推进河长制，设置生态保护红线，保护祖国的绿水青山；倡导全民环保教

第五章
主要结论与政策建议

育,可以在学校增设环保课程,在社会以单位形式来组织环保系列主题教育,在农村通过党联系群众,提高农民的环保意识;以奖励或荣誉形式树立全国环保典型及模范,使环保蔚然成风。

(3)增大科技对环保的作用,提高环境治理水平。增加污染防治科学研究和基础设施的投资与建设,增强环保队伍建设,建立全国统一的环保问题反馈系统,以公开信息披露的形式有效监管环保问题,精准识别、精准管理、精准施策。

五、深化全方位开放政策

改革开放,是我国始终坚持的基本国策。进入新时代,开放的外部环境发生了一些微妙的变化,同时也对我国的开放政策提出了更高的要求。建设现代化经济体系,既要有更高的对外开放水平,也要有更高的对内开放水平。

一方面,我们要积极深化全方位对外开放。首先,要坚持"一带一路"建设,与沿线国家进行多元平衡的贸易合作,形成区域合作紧密、贸易多元共进外贸体系,实现优势互补,构建经济发展新模式;其次,要构建中国全球价值链,引进来与走出去并重,逐渐建立起以中国为主导的全球生产网络体系与全球价值链体系,同时优化外汇管理措施,促进跨境交易投资便利化,保障进出口稳中提质,赋予自贸区更大改革自主权,探索建设自由贸易港,推动形成全方位、多层次、宽领域的全面开放新格局。

另一方面,我们更要积极深化全方位的对内开放。面对国际国内形势变化,中央提出要形成以国内大循环为主体、国内国际双循环相互促进的新发展格局。现在对内开放的紧迫性和重要性不亚于对外开放,进一步对内开放已经成为深化对外开放的基础和前提。过去我们用对外开放倒逼对内改革,例如为了适应世界贸易组织的规则,我们需要进行企业体制、税收体制、外贸体制、补贴制度以及审批制度等一系列改革，给企业在市场上以更多的自由选择，使政府的做事规则更接近国际惯例的要求。但当改革进入深水区，我们更需要有内部的动力来推动变革，如要素市场化改革，尤其是土地、资本的市场化配置等等，涉及权力关系、利益关系的重大调整和彻底重组。例如，结构性改革所需要的降低行政壁垒、降低企业税费、降低对国有企业补贴等，都涉及对政府职能的改革和权力的再配置，关系到如何充分发挥市场机制在资源配置中的决定性作用问题。只有积极深化全方位的对内开放，国内的市场主体尤其是民营经济才能在宽松自由的环境中发育，才能增加市场组织、个人和社会机构成长的空间，才能让市场机制在资源配置上逐步替代计划和行政机制。

六、坚定以共享发展为价值取向

习近平总书记指出：增进民生福祉是发展的根本目的，必须多谋民生之利、多解民生之忧，在发展中补齐民生短板、促进公平正义，必须在幼有所学、学有所教、劳有所得、病有所医、老有所养、住有所居、弱有所扶等方面健全国家基本公共服务制度体系。"广大人民群众共享改革发展成果，是社会主义的本质要求"，是"中国特色社会主义的本质要求"。人民共同富裕是社会主义本质的核心体现，也是现代化经济体系的价值取向和终极目标。现代化经济体系强不强，最终将变现为有多少发展成果被人民共享。坚持共享发展，需要在经济发展共享、教育共享、医疗共享、资源共享、科技发展共享等方面共同发力，实现公平的共享。

首先，要在共建的基础上实现共享。民生事业是亿万群众自己的事情，共享发展不是坐等"分果果"，而是要共同参与、人人出力。我们党很早就认识到这个问题，从世界一些国家陷入"高福利陷阱"的教训中，我们也可以清醒地看到这一点。如欧洲一些国

第五章
主要结论与政策建议

家,政府提供了一整套社会保障措施,包括养老、医疗、生育、工伤等,号称完成了"从摇篮到坟墓"的保障,结果导致国家财政不堪重负,民众工作效率降低,社会活力、创造力大大减弱,高福利拖垮了经济,引发债务危机。因此,我们党一直强调社会建设要各尽其能、各得其所,党提出的人人参与、人人尽力、人人享有的思路,就是强调改善民生需要大家一起来努力。我们必须按照这个要求,充分调动各方面的力量,激发全社会的积极性、主动性、创造性,同心协力推进民生工作。

其次,共享要不断改善民生。天地之大,黎元为先。民生是人民幸福之基、社会和谐之本。党的十八大以来,我国在发展经济的同时,致力于改善民生,一项项民生举措不断出台,一批批惠民工程不断实施,发展成果更多更公平惠及全体人民。但保障和改善民生是一项长期工作,没有终点站,只有连续不断的新起点。因此,今后必须在已有成绩的基础上,按照守住底线、突出重点、完善制度、引导预期的工作思路,抓住人民群众最关心最直接最现实的利益问题,抓住最需要关心的人群,进一步加大工作力度,不断增加资金投入,完善配套措施,健全制度安排,更加科学有效、扎实稳步地推进保障和改善民生工作,在学有所教、劳有所得、病有所医、老有所养、住有所居上持续取得新进展。

最后,实现共享要努力解决教育与就业等紧迫现实问题。收入乃民生之源、就业乃民生之本、教育乃民生之基。教育、就业和收入是决定民生的发展链上的三个重要环节,教育和就业对收入有着决定性的影响。教育寄托着亿万家庭对美好生活的期盼,教育政策措施的一举一动牵动着千家万户。我们要更好地促进教育公平、提高教育质量,继续深化教育改革,推动义务教育均衡发展,普及高中阶段教育,缩小区域之间、城乡之间的教育差距。在就业问题上,一方面,我们要大力实施就业优先战略,既推动产业转型升级,增加就业"需求",又推行终身技能培训,改善劳动力"供给",

化解"招工难"与"就业难"并存的结构性矛盾,强化对灵活就业和新就业形态的支持;另一方面,继续完善创业扶持政策,搭好创业平台,强化资金扶持,彻底打破就业、创业市场上的壁垒与身份歧视,打造大众创业、万众创新的新引擎。

附录 A 随机一致性 RI 值

n 阶	3	4	5	6	7	8	9	10	11	12	13	14	15	16
RI 值	0.5200	0.8900	1.1200	1.2600	1.3600	1.4100	1.4600	1.4900	1.5200	1.5400	1.5600	1.5800	1.5900	1.5943
n 阶	17	18	19	20	21	22	23	24	25	26	27	28	29	30
RI 值	1.6064	1.6133	1.6207	1.6292	1.6358	1.6403	1.6462	1.6497	1.6556	1.6587	1.6631	1.6670	1.6693	1.6724

附录 B 标准化后各指标描述统计量

统计量	全距	极小值	极大值	均值	标准差
R&D 经费投入强度（%）	6.1290	0.1110	6.2400	1.588719	1.112487
信息传输、计算机服务和软件业固定资产投资强度（不含农户）（%）	3.3250	0.0700	3.3950	1.065903	0.6134029
技术市场成交额占 GDP 的比例（%）	16.3330	0.0190	16.3520	1.323131	2.5666607

续表

统计量	全距	极小值	极大值	均值	标准差
专利有效授权率（%）	69.8680	25.0810	94.9490	54.893237	10.5239917
万人专利拥有量（件）	24.5570	0.0530	24.6100	1.706462	3.0397215
政府与市场的关系	9.3500	0.0000	9.3500	5.953828	1.8681236
非国有经济的发展	10.5630	1.0750	11.6380	7.232991	2.2150684
产品市场的发育程度	6.2000	3.7950	9.9950	7.837594	1.2774362
要素市场的发育程度	13.8650	0.0000	13.8650	5.458534	2.5614834
市场中介组织的发育和法治环境	18.3880	0.0000	18.3880	5.869256	3.8230374
GDP 增速（%）	17.4000	0.0000	17.4000	9.094031	2.8325324
人均 GDP（万元）	15.1010	1.3230	16.4240	5.195366	2.6376874
居民消费价格指数	5.7000	100.6000	106.3000	102.613000	1.2071000
城镇登记失业率（%）	3.2700	1.2100	4.4800	3.319041	0.6500353
财政支出占 GDP 的比例（%）	118.6690	10.4750	129.1440	27.821866	20.1758957
第三产业结构与就业结构偏离度（%）	0.8990	0.0000	0.8990	0.203075	0.1926974
规模以上工业企业利润总额占第二产业增加值比例（%）	39.4570	0.0000	39.4570	19.155181	7.3760619
产品质量优等品率（%）	92.2000	3.6000	95.8000	55.425372	16.2952011

续表

统计量	全距	极小值	极大值	均值	标准差
第三产业增加值对 GDP 的贡献率（%）	397.8000	25.2000	423.0000	49.099031	24.5293321
金融业增加值占第三产业增加值比例（%）	20.1410	5.6430	25.7840	13.938459	3.7711010
万元 GDP 能耗（吨标准煤）	1.9490	0.2210	2.1700	0.834612	0.4365598
万元 GDP 水耗（立方米）	979.7410	11.6490	991.3900	128.116456	129.4426827
万元 GDP 废水排放量（吨）	28.2280	4.3240	32.5520	10.414538	3.2817373
森林覆盖率（%）	62.6000	4.2000	66.8000	32.617484	17.9272806
建成区绿化覆盖率（%）	31.0000	18.1000	49.1000	39.202091	3.9549474
生活垃圾无害化处理率（%）	62.0000	38.0000	100.0000	90.614056	12.7836427
工业污染治理投资总额占 GDP 的比例（%）	0.8780	0.0040	0.8820	0.171691	0.1265645
居民人均可支配收入（万元）	6.9110	0.0330	6.9440	2.259369	1.0005657
社会保障和就业支出占财政支出的比例（%）	21.9710	5.7910	27.7620	12.638125	3.3041456
城镇单位就业人员平均实际工资指数（上年=100）	63.3000	94.1000	157.4000	108.208241	3.8671306
万人执业医师（助理）拥有量（个）	42.2780	10.0000	52.2780	22.446909	5.7476583
人均受教育年限（年）	8.9040	4.2220	13.1260	8.938541	1.1332523
城乡居民可支配收入比	2.2280	1.8450	4.0730	2.672847	0.4034542
基尼系数	0.2990	0.3570	0.6560	0.499247	0.0535013

续表

统计量	全距	极小值	极大值	均值	标准差
区域泰尔指数	0.8160	0.0000	0.8160	0.106319	0.1163147
人类发展指数(HDI)	0.3450	0.5520	0.8970	0.720134	0.0616221
国际旅游外汇收入强度(%)	2.3900	0.0100	2.4000	0.619231	0.5066468
进出口总额相当于GDP的比重(%)	153.3680	1.2560	154.6240	27.878325	30.9299923
外商直接投资(FDI)强度(%)	9.1200	0.0110	9.1310	2.155069	1.5754489
对外直接投资强度(%)	6.6381	0.0002	6.6383	0.595858	0.8583077

附录 C 成分得分系数矩阵

得分系数	成分								
	1	2	3	4	5	6	7	8	9
R&D经费投入强度	0.138	0.013	−0.054	−0.016	−0.086	0.006	−0.094	−0.029	−0.008
信息传输、计算机服务和软件业固定资产投资强度(不含农户)	0.005	−0.046	0.002	−0.102	0.052	−0.084	0.361	0.086	−0.019

续表

得分系数	成分								
	1	2	3	4	5	6	7	8	9
技术市场成交额占GDP的比例	0.188	−0.059	−0.003	−0.140	−0.097	−0.102	−0.056	−0.063	0.128
专利有效授权率	0.006	−0.002	0.079	−0.060	0.002	0.000	−0.045	0.569	−0.023
万人专利拥有量	0.149	−0.032	0.002	−0.053	−0.092	−0.026	−0.038	0.035	0.075
高等教育率	0.120	−0.050	0.003	−0.049	0.030	0.043	−0.001	−0.037	0.046
政府与市场的关系	−0.015	0.156	−0.075	−0.014	−0.045	0.022	0.028	−0.055	−0.109
非国有经济的发展	−0.070	0.105	0.049	0.121	0.042	−0.046	−0.024	0.060	−0.031
产品市场的发育程度	−0.074	0.173	0.031	0.022	−0.078	0.049	−0.043	0.103	−0.062
要素市场的发育程度	0.066	0.045	−0.031	−0.005	−0.020	0.002	0.005	−0.132	−0.043
市场中介组织的发育和法治环境	0.038	0.055	−0.031	0.060	−0.065	−0.022	−0.018	0.076	−0.189
GDP增速	0.048	−0.012	−0.228	0.042	0.039	0.042	−0.129	−0.087	0.129
人均GDP	0.053	−0.019	0.019	0.097	0.055	0.053	−0.068	0.045	−0.103
居民消费价格指数	0.079	−0.021	−0.176	−0.132	0.064	−0.009	−0.092	0.051	−0.035
城镇登记失业率	−0.122	0.059	−0.045	0.000	0.162	0.242	0.097	−0.015	−0.081
财政支出占GDP的比例	−0.017	−0.191	0.039	0.136	0.100	−0.148	0.003	0.013	−0.077
第三产业结构与就业结构偏离度	0.058	0.077	0.012	−0.007	−0.476	−0.012	−0.057	−0.024	−0.183

续表

得分系数	成分								
	1	2	3	4	5	6	7	8	9
规模以上工业企业利润总额占第二产业增加值比例	0.118	0.027	−0.114	0.028	0.042	0.094	−0.268	0.040	0.077
产品质量优等品率	−0.048	−0.025	−0.001	0.330	0.058	0.030	−0.027	−0.032	0.158
第三产业增加值对GDP的贡献率	−0.027	0.004	0.026	−0.055	−0.030	0.034	0.331	−0.036	0.020
金融业增加值占第三产业增加值比例	−0.015	−0.008	−0.014	0.149	−0.033	0.199	0.232	−0.128	0.010
万元GDP能耗	−0.001	−0.104	0.027	−0.006	0.046	0.209	−0.007	0.069	0.047
万元GDP水耗	−0.027	−0.097	−0.001	−0.063	0.121	0.037	0.106	0.226	0.019
万元GDP废水排放量	−0.042	0.121	−0.149	−0.138	−0.126	0.126	0.304	0.053	0.173
森林覆盖率	−0.065	0.132	−0.006	−0.102	−0.123	−0.234	0.269	0.057	0.127
建成区绿化覆盖率	0.007	0.068	0.085	0.046	0.000	−0.010	−0.009	0.137	0.382
生活垃圾无害化处理率	−0.054	0.018	0.084	0.338	−0.050	0.048	−0.056	−0.073	0.137
工业污染治理投资总额占GDP的比例	0.002	0.048	−0.014	0.037	−0.099	0.502	0.077	0.035	0.055
居民人均可支配收入	0.057	0.004	0.009	0.028	−0.008	0.032	0.035	0.083	−0.084
社会保障和就业支出占财政支出的比例	−0.023	0.032	0.086	−0.267	0.078	−0.067	0.125	−0.277	0.006

附录

续表

得分系数	成分								
	1	2	3	4	5	6	7	8	9
城镇单位就业人员平均实际工资指数（上年＝100）	0.005	−0.027	−0.030	0.149	0.087	0.038	−0.033	−0.059	0.601
万人执业医师（助理）拥有量	0.107	−0.056	0.147	−0.071	−0.007	0.001	−0.067	0.108	0.087
人均受教育年限	0.078	0.056	−0.007	−0.133	0.023	0.095	0.037	−0.080	0.076
城乡居民可支配收入比	0.070	0.008	−0.064	−0.027	−0.319	0.088	0.020	−0.093	0.134
基尼系数	0.032	−0.004	0.261	−0.073	−0.039	0.042	−0.110	0.133	0.030
区域泰尔指数	0.042	−0.121	−0.076	0.080	−0.076	−0.081	−0.053	−0.008	−0.132
人类发展指数（HDI）	0.043	0.043	0.025	−0.037	0.057	0.071	0.016	−0.009	−0.024
国际旅游外汇收入强度	−0.003	−0.018	−0.130	0.098	0.021	−0.083	0.221	0.079	−0.106
进出口总额相当于GDP的比重	0.066	0.014	−0.125	0.025	−0.040	0.016	0.088	0.123	−0.136
外商直接投资（FDI）强度	−0.007	−0.002	−0.120	0.021	0.290	−0.123	−0.064	−0.194	−0.056
对外直接投资强度	−0.035	−0.025	−0.079	0.152	0.099	0.097	0.250	−0.158	0.064

提取方法：主成份。

旋转法：具有 Kaiser 标准化的正交旋转法。

附录D 公因子1、2、3的成分图

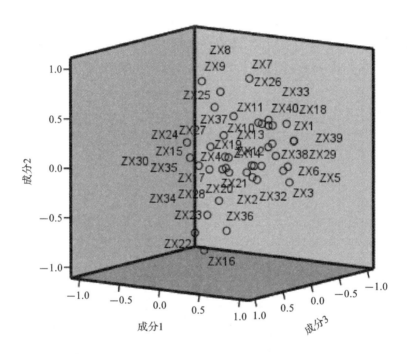

附录 E 因子得分测算——Z 标准化因子得分

全国及各省份	年份	区域	1	2	3	4	5	6	7	8	9
上海	2010	华东	1.01064	0.27386	−2.04095	0.83643	1.27381	1.01178	1.75404	0.89478	−0.93537
上海	2011	华东	1.48882	0.23257	−2.12610	−0.06646	1.18240	0.32485	0.85897	0.54879	−1.86041
上海	2012	华东	1.45572	0.15013	−1.47626	0.36457	0.76543	0.48312	1.46012	0.49457	−2.54522
上海	2013	华东	1.39472	0.43729	−1.35463	0.75763	1.01149	0.52224	0.83538	−0.07927	−1.18830
上海	2014	华东	1.42618	0.45820	−1.32053	1.65765	1.10163	1.59399	0.85088	0.08870	−1.36874
上海	2015	华东	1.48088	0.12135	−1.44980	2.42644	1.45725	2.39095	2.33053	−0.66454	−0.96314
上海	2016	华东	1.63693	0.46868	−1.26626	2.12053	1.14897	4.00914	2.45292	−1.18194	−0.87116
上海	2017	华东	1.94748	0.32779	−0.58620	1.40400	0.77276	3.31262	1.42604	−0.56701	−1.23724
上海	2018	华东	1.99693	0.25217	−0.41399	1.21075	0.51026	2.04848	1.39585	0.22052	−1.70928
上海	2019	华东	2.05030	0.06067	−0.09967	1.61727	0.80263	1.68886	1.31812	0.17877	−1.47796
云南	2010	西南	−0.68966	−0.47027	−1.79545	−0.57139	−0.88600	−0.21523	0.80804	−0.10143	−0.27959

续表

全国及各省份	年份	区域	1	2	3	4	5	6	7	8	9
云南	2011	西南	-0.43244	-0.42737	-1.88674	-1.21646	-1.05688	0.01322	0.94277	0.10722	0.42156
云南	2012	西南	-0.75787	-0.44388	-1.17148	0.02115	-1.03075	0.15331	1.14084	0.25054	0.43118
云南	2013	西南	-0.54680	-0.57224	-1.28599	-0.08268	-1.06638	0.10958	1.08613	-0.33978	0.41785
云南	2014	西南	-0.95995	-0.2144	-0.45683	0.36621	-0.92827	-0.08685	1.29448	-0.14788	-0.24351
云南	2015	西南	-0.92000	-0.25768	-0.35816	0.60474	-0.79186	-0.14973	1.21374	-0.02275	0.54392
云南	2016	西南	-0.91130	-0.39278	-0.12871	0.57461	-0.93587	-0.55245	1.90751	-0.75759	0.83030
云南	2017	西南	-0.60540	-0.49366	0.06238	0.57580	-0.88219	-0.68102	0.98515	-0.60713	0.95445
云南	2018	西南	-0.72727	0.14915	0.02600	0.08771	-1.38494	0.00387	1.53711	0.29359	0.53537
云南	2019	西南	-0.59896	0.15627	0.30122	0.22835	-1.19609	-0.59891	1.34056	0.5054	-0.05383
全国	2010	全国	-0.24299	0.24320	-1.26035	0.14390	-0.35620	0.72982	0.05608	0.70401	0.24743
全国	2011	全国	-0.02568	0.26263	-1.28433	-0.27076	-0.10915	0.59704	-0.21874	0.33553	-0.08633
全国	2012	全国	-0.10352	0.31999	-0.56192	0.04567	-0.35526	0.61607	-0.20880	0.41924	0.04448
全国	2013	全国	-0.10417	0.33428	-0.38072	0.62498	-0.19119	0.90185	-0.29971	0.04565	0.05045
全国	2014	全国	-0.14877	0.27450	-0.06730	0.62030	-0.11473	0.78586	0.01233	0.25718	0.02347

附录

续表

全国及各省份	年份	区域	1	2	3	4	5	6	7	8	9
全国	2015	全国	-0.06611	0.23157	0.28712	0.60528	-0.14890	0.53148	0.10061	0.55392	0.14060
全国	2016	全国	0.06031	0.25876	0.34737	0.50398	-0.16789	0.40315	0.03111	0.05958	-0.21227
全国	2017	全国	0.12149	0.17254	0.59173	0.36232	-0.05115	0.21556	0.01362	-0.04650	0.07455
全国	2018	全国	0.14795	0.37155	0.65548	0.13313	-0.16786	0.35628	-0.02257	0.43317	0.16353
全国	2019	全国	0.41048	0.31751	0.69219	0.37282	0.05021	0.17644	-0.41814	0.50927	-0.08538
内蒙古	2010	华北	-0.26465	-0.52173	-0.31072	-0.53119	0.89734	0.57896	-1.95912	0.90032	0.71395
内蒙古	2011	华北	0.10339	-0.50514	-0.5866	-0.58673	1.10654	1.12930	-2.08760	0.26937	0.58833
内蒙古	2012	华北	-0.11010	-0.43826	0.39168	-0.33677	0.92202	0.42816	-1.76804	0.54708	0.40086
内蒙古	2013	华北	-0.26718	-0.30377	0.45591	0.02838	0.69823	1.38015	-1.35682	0.38672	-0.03976
内蒙古	2014	华北	-0.42934	-0.25390	1.30601	-0.24604	0.50332	1.20218	-0.46278	0.79757	-0.24638
内蒙古	2015	华北	-0.44055	-0.30998	1.58818	0.24292	0.51087	1.03154	-0.84762	0.50918	0.05395
内蒙古	2016	华北	-0.30801	-0.39093	1.54304	0.26617	0.71020	0.95378	-0.54434	0.01356	0.14872
内蒙古	2017	华北	-0.10907	-0.25978	1.73028	-0.17721	0.23552	1.01527	-0.30381	0.25077	0.25726
内蒙古	2018	华北	0.00189	-0.18658	1.65156	-0.20320	0.05242	0.89302	-0.87339	0.59877	0.29634

续表

全国及各省份	年份	区域	1	2	3	4	5	6	7	8	9
内蒙古	2019	华北	−0.01275	−0.20418	1.74595	−0.30269	0.83123	0.74107	−0.85354	0.81295	0.38149
北京	2010	华北	3.08510	−0.43928	−0.82305	0.25987	−0.11077	−1.53568	0.75217	0.46015	1.32227
北京	2011	华北	3.69285	−0.44851	−1.14793	−0.29531	−0.23300	−1.53978	0.30969	0.13532	0.93967
北京	2012	华北	4.06071	−0.51899	−0.41948	−0.79282	−0.45447	−1.52987	0.52239	0.23693	0.97505
北京	2013	华北	4.19630	−0.65970	−0.31594	−0.28118	−0.47230	−1.31513	0.67436	−0.19740	1.24916
北京	2014	华北	4.20529	−0.61999	0.02436	0.12239	−0.49689	−0.91860	0.74039	−0.24851	1.61095
北京	2015	华北	4.64875	−0.82938	0.53971	−0.95558	−0.22069	−0.74549	1.25329	0.09595	1.65247
北京	2016	华北	4.80928	−0.88476	0.88776	−0.34156	−0.43876	−0.62787	0.78811	−0.14265	1.69860
北京	2017	华北	5.31413	−0.89995	1.06332	−1.02624	−0.17334	−0.82825	0.05227	0.21373	1.92644
北京	2018	华北	5.62665	−0.74546	1.07915	−1.36251	−0.74337	−0.96357	−0.14836	0.71849	2.03963
北京	2019	华北	5.82468	−0.72894	1.19253	−1.02483	−0.80787	−0.91922	−0.16929	0.73828	1.95934
吉林	2010	东北	−0.36654	0.19250	−0.68655	−2.08748	1.30563	−0.61196	−0.78620	0.95624	0.16606
吉林	2011	东北	−0.18011	0.19646	−0.69246	−1.88166	1.59069	−0.79244	−1.36121	0.62594	0.20582
吉林	2012	东北	−0.38974	0.21385	0.10384	−1.47384	1.46316	−0.96373	−0.91540	0.97751	0.29268

附录

续表

全国及各省份	年份	区域	1	2	3	4	5	6	7	8	9
吉林	2013	东北	-0.46178	0.24574	0.48906	-0.93889	1.54797	-0.78192	-0.80878	0.39941	-0.03090
吉林	2014	东北	-0.40990	0.26631	0.77936	-1.08915	1.36160	-0.73964	-0.59191	0.44482	-0.41903
吉林	2015	东北	-0.49319	0.20294	1.15801	-0.61867	1.35950	-0.78468	-0.11217	0.42495	0.32022
吉林	2016	东北	-0.38545	0.04299	1.37172	-0.42499	1.30498	-1.05796	-0.26491	0.03757	-0.58318
吉林	2017	东北	-0.34174	0.16548	1.36690	-1.47626	1.51616	-1.40742	1.01587	-0.40350	-0.39122
吉林	2018	东北	-0.04189	0.43947	1.57332	-1.25073	0.26124	-1.31170	-0.11510	-0.03412	-0.42508
吉林	2019	东北	0.16395	0.27753	1.39113	-0.95149	1.29134	-1.34266	-0.67241	0.31226	0.29850
四川	2010	西南	-0.56576	0.11844	-1.46473	-0.36641	-0.30781	-0.19602	-0.26428	-0.67927	0.66148
四川	2011	西南	-0.36478	0.19109	-1.58535	-0.45113	0.18672	-0.01470	-0.71940	-0.49528	0.18814
四川	2012	西南	-0.44209	0.13833	-0.74931	-0.16426	-0.01805	-0.05221	-0.51289	-0.16822	0.30764
四川	2013	西南	-0.53303	0.31329	-0.53175	-0.15562	0.01518	-0.05014	-0.14281	-0.62862	-0.03158
四川	2014	西南	-0.73519	0.31594	0.08238	0.50748	-0.08735	0.03248	-0.13144	-0.82259	-0.22677
四川	2015	西南	-0.68375	0.28650	0.29131	0.68757	0.10662	-0.31080	0.19304	-0.47009	0.38843
四川	2016	西南	-0.62697	0.46934	0.43160	0.32540	-0.23888	-0.36639	0.28173	-1.19991	-0.33986

续表

全国及各省份	年份	区域	1	2	3	4	5	6	7	8	9
四川	2017	西南	-0.39376	0.47219	0.62696	-0.08733	-0.42201	-0.27622	0.09134	-1.46692	-0.40083
四川	2018	西南	-0.18242	0.49786	0.82251	-0.28796	-0.69177	-0.47021	-0.00776	-0.35113	0.14869
四川	2019	西南	-0.13062	0.54946	0.66838	-0.12400	-0.29396	-0.43159	0.08627	-0.12174	-0.14128
天津	2010	华北	0.79816	0.00157	-2.14275	1.34254	2.08337	0.93086	-1.92693	-1.99874	0.05185
天津	2011	华北	1.07465	0.18552	-2.17803	0.95368	2.05630	0.54739	-1.87737	-1.96609	-1.87542
天津	2012	华北	1.02357	0.23321	-1.57003	1.35111	2.08331	0.42103	-1.53484	-1.54307	-1.29858
天津	2013	华北	0.97137	0.17236	-1.55699	1.44029	2.33978	0.33387	-1.47565	-1.93688	-1.50567
天津	2014	华北	0.83714	0.24315	-1.01921	1.61605	2.32181	0.54186	-0.66433	-1.88155	-1.94777
天津	2015	华北	1.01807	0.24507	-0.83690	1.23407	2.34699	0.28149	-0.86542	-1.57097	-1.51962
天津	2016	华北	0.89119	0.03574	-0.82695	2.06737	2.24828	0.67306	1.04836	-2.45355	-1.39309
天津	2017	华北	0.90638	0.15743	0.66145	0.26972	1.60335	-0.26423	0.89151	-0.95977	-1.97166
天津	2018	华北	1.21133	0.25749	0.67236	0.06620	1.28210	0.21700	0.69366	-0.45425	-2.18276
天津	2019	华北	1.48653	0.25601	0.59498	0.53681	1.61602	0.32095	0.64840	-0.58838	-1.61417
宁夏	2010	西北	-0.85353	-0.71667	-1.05464	0.17603	-0.16586	2.55584	0.61115	1.57332	1.75586

附录

续表

全国及各省份	年份	区域	1	2	3	4	5	6	7	8	9
宁夏	2011	西北	-0.37183	-0.73364	-1.22192	-1.83621	0.33157	1.79689	0.31391	0.86590	0.47148
宁夏	2012	西北	-1.13359	-0.57853	0.13094	-1.58445	-0.51147	2.69613	5.64354	-0.79422	0.93127
宁夏	2013	西北	-0.50945	-0.36381	-0.00262	-0.73551	-0.49159	3.38475	0.43847	-0.33202	-0.19912
宁夏	2014	西北	-0.80865	-0.37918	0.49619	0.75975	-0.51950	4.31914	1.21503	-0.38503	0.56131
宁夏	2015	西北	-0.76848	-0.88581	0.76735	0.69665	0.45789	2.08877	1.62775	-0.94363	0.62266
宁夏	2016	西北	-0.61263	-0.60731	1.09917	0.76489	0.10256	3.31405	1.35302	-0.36037	0.81240
宁夏	2017	西北	-0.38309	-0.71122	1.40658	0.00288	0.28860	1.32537	0.66147	0.22763	-0.03206
宁夏	2018	西北	-0.2509	-0.44218	1.46150	0.40522	-0.90267	2.29406	0.11890	0.57307	0.26195
宁夏	2019	西北	-0.30433	-0.49033	1.65134	0.63775	-0.11666	2.10515	0.68039	0.84318	0.49021
安徽	2010	华东	-0.60258	0.07608	-1.79406	-0.72953	0.69691	-0.49656	-0.40702	-1.36034	0.71658
安徽	2011	华东	-0.55534	0.27197	-1.75055	-0.43077	0.63429	-0.28522	-0.78657	0.48660	0.86596
安徽	2012	华东	-0.62910	0.21481	-1.07610	0.37590	0.58694	-0.25313	-0.52732	-0.22977	0.83787
安徽	2013	华东	-0.63302	0.47482	-0.84737	0.04040	0.46608	0.09206	-0.10893	-0.47975	-0.41966
安徽	2014	华东	-0.54424	0.55509	-0.13985	-0.01704	0.45308	-0.62203	-0.27807	-0.48446	-0.54416

续表

全国及各省份	年份	区域	1	2	3	4	5	6	7	8	9
安徽	2015	华东	−0.52460	0.28084	−0.06955	0.62890	0.78302	−0.61061	0.16305	−0.89951	0.30631
安徽	2016	华东	−0.48782	0.45005	0.04301	0.66488	0.47672	−0.48476	−0.03867	−1.31653	−0.24396
安徽	2017	华东	−0.35812	0.25791	0.21431	0.71730	0.60136	−0.81567	−0.26506	−1.60612	0.29159
安徽	2018	华东	−0.19091	0.34186	0.48117	0.54263	0.46408	−0.74845	−0.62685	−1.20072	0.64637
安徽	2019	华东	0.35620	0.27449	0.47268	0.14164	0.31958	−0.97215	−0.80137	−0.64132	−0.00666
山东	2010	华东	−0.31229	0.65206	−0.43196	1.08637	−0.15728	0.86686	−2.00862	0.74847	1.07231
山东	2011	华东	0.13246	0.67878	−0.64550	0.00167	−0.25341	0.58705	−2.13126	0.30899	−0.07026
山东	2012	华东	0.00451	0.80281	−0.04716	0.41955	−0.42014	0.60813	−1.97970	0.52306	0.23675
山东	2013	华东	−0.04812	0.75897	0.11577	1.66257	−0.11980	0.73738	−2.18676	−0.04524	0.83505
山东	2014	华东	0.01699	0.90255	0.26498	0.85828	0.20669	1.03935	−1.87930	−0.10588	0.19540
山东	2015	华东	−0.04226	0.84853	0.54799	1.23487	−0.18375	0.58534	−1.61571	−0.00441	0.35418
山东	2016	华东	0.06592	0.83547	0.56668	0.96375	−0.25942	0.74253	−1.42048	−0.26662	−0.16732
山东	2017	华东	0.16716	0.86213	0.99262	0.58965	−0.44044	0.43607	−1.50995	−0.02767	−0.38916
山东	2018	华东	0.15342	0.82157	1.15479	0.28110	−0.44654	0.37198	−1.34167	0.48168	−0.79259

续表

全国及各省份	年份	区域	1	2	3	4	5	6	7	8	9
山东	2019	华东	0.33842	0.82099	1.13668	0.48237	-0.19423	0.56214	-1.41359	0.65093	-0.30250
山西	2010	华北	-0.12328	-0.43565	-0.30853	1.25347	-0.08523	2.30254	-0.45383	0.21450	1.63016
山西	2011	华北	0.04245	-0.35663	-0.71745	-1.05019	0.28094	1.97745	-0.97516	-0.99374	1.14631
山西	2012	华北	-0.15777	-0.33357	0.06413	-0.60998	-0.07651	1.89619	-0.39340	-0.78467	0.91391
山西	2013	华北	-0.22847	-0.25052	0.60388	-0.33055	-0.49994	2.44738	0.07383	-0.48087	0.00926
山西	2014	华北	-0.53201	-0.20732	1.49058	-0.51825	-0.41192	1.09645	0.16071	-0.20530	-0.26931
山西	2015	华北	-0.64321	-0.09483	2.12836	-0.58597	-0.87592	0.91097	0.71441	0.38551	-0.42988
山西	2016	华北	-0.46409	-0.05539	1.95604	-0.40706	-0.86511	0.93609	0.37328	-0.42475	-0.64290
山西	2017	华北	-0.16589	-0.01308	1.71584	-0.20188	-0.52929	1.74406	-0.59452	-0.42185	0.85572
山西	2018	华北	0.00495	-0.07543	1.80502	-0.41611	-0.39423	1.63712	-0.73751	0.08223	0.47613
山西	2019	华北	0.06573	-0.19237	1.89724	-0.48786	0.34250	1.28786	-0.39565	0.39439	0.85286
广东	2010	华南	0.35134	1.26591	-1.58147	-1.42052	-1.11699	-0.40562	1.11078	2.71635	-1.09917
广东	2011	华南	0.39924	1.21893	-1.66672	-0.30084	-0.82481	-0.93168	0.76357	1.94095	-1.23477
广东	2012	华南	0.18592	1.25274	-1.14487	-0.35836	-1.08398	-0.79762	1.53393	1.90342	-0.94744

续表

全国及各省份	年份	区域	1	2	3	4	5	6	7	8	9
广东	2013	华南	0.27208	1.30356	-0.92207	0.22521	-1.27865	-0.71578	1.03718	1.61304	-1.39744
广东	2014	华南	0.19590	1.29021	-0.77269	0.73850	-0.94362	-0.62074	1.08799	1.50273	-0.51545
广东	2015	华南	0.25755	1.16696	-0.45691	1.08531	-0.99632	-0.52808	1.06708	1.44502	-0.27748
广东	2016	华南	0.38538	1.23751	-0.46865	1.24933	-1.03448	-0.66080	1.10520	0.53633	-0.47980
广东	2017	华南	0.43489	1.20765	0.04507	1.02161	-1.19208	-0.67347	0.65363	0.67589	-0.30756
广东	2018	华南	0.57864	1.17079	0.27419	1.01295	-1.15644	-0.58878	0.53994	1.18885	-0.10525
广东	2019	华南	0.77930	1.10234	0.27583	0.51832	-0.72790	-0.95831	0.45482	1.48411	-0.62307
广西	2010	华南	-1.02268	0.78883	-2.00476	-1.00253	-2.09797	0.60003	2.10842	1.32752	1.46454
广西	2011	华南	-0.49793	0.52749	-1.73146	-1.48197	-1.54656	-0.29593	0.87359	0.51285	-0.60481
广西	2012	华南	-0.71925	0.60516	-1.31604	-0.62261	-1.66585	-0.32491	1.05032	-0.27671	0.09899
广西	2013	华南	-0.78989	0.62763	-0.58762	-0.47692	-1.30723	-0.23087	1.06620	-0.86145	0.36894
广西	2014	华南	-0.82073	0.64816	-0.15933	-0.12941	-1.12288	-0.41764	0.91464	-0.91273	0.06165
广西	2015	华南	-0.74225	0.35356	-0.18080	0.91642	-0.80846	-0.27568	0.82631	-1.21575	1.42484
广西	2016	华南	-0.77441	0.40254	0.14391	0.56884	-0.71980	-0.81532	0.97336	-1.30247	-0.01683

附录

续表

全国及各省份	年份	区域	1	2	3	4	5	6	7	8	9
广西	2017	华南	-0.52109	0.48158	0.41867	0.39518	-1.16022	-1.25664	0.77936	-1.21539	0.21726
广西	2018	华南	-0.52659	0.60292	0.77520	-0.09850	-1.22474	-1.03806	1.03960	-0.03750	0.02914
广西	2019	华南	-0.43060	0.63779	0.71030	-0.27333	-0.74906	-1.03443	0.79904	0.53678	-0.03578
新疆	2010	西北	-0.01434	-1.96852	-0.74444	-1.92723	1.05888	1.21896	-0.06312	3.31451	0.92080
新疆	2011	西北	0.01681	-2.07445	-1.20527	-0.07359	1.51472	1.39472	-0.56919	1.71145	1.86733
新疆	2012	西北	-0.09462	-1.91512	-0.77966	-0.60486	1.28381	1.05358	-0.39540	1.39705	1.11970
新疆	2013	西北	-0.13843	-1.70350	-0.36886	-0.45939	0.91315	1.66038	-0.52372	2.03426	0.39337
新疆	2014	西北	-0.24523	-1.61039	0.13782	-0.38230	0.72055	1.68093	0.06689	1.27302	0.26184
新疆	2015	西北	-0.44127	-1.72035	0.89102	-0.34927	0.62420	0.92464	0.54063	2.10088	0.64365
新疆	2016	西北	-0.40430	-1.65461	0.93040	-0.53037	0.83447	0.58380	0.67861	0.83973	-0.20859
新疆	2017	西北	-0.09675	-1.46902	0.87657	-0.53495	0.66828	0.60394	0.09257	1.23701	-0.08062
新疆	2018	西北	-0.15698	-1.37246	1.22768	-0.19639	0.84583	0.96371	-0.00460	1.63916	0.54823
新疆	2019	西北	-0.06317	-1.10209	1.15038	0.17049	0.62615	2.57992	0.50551	1.50758	-0.14144
江苏	2010	华东	0.08767	0.74872	-1.52503	0.94513	0.58149	-0.02619	-1.06881	0.66060	-0.12163

续表

全国及各省份	年份	区域	1	2	3	4	5	6	7	8	9
江苏	2011	华东	0.45685	0.90348	-1.42583	0.23740	0.22926	0.10614	-1.17968	0.83834	-0.77876
江苏	2012	华东	0.44971	0.92130	-0.77174	0.69565	-0.01416	0.11350	-0.95901	0.76547	-0.85152
江苏	2013	华东	0.52942	0.86802	-0.45033	0.91224	-0.00968	0.33648	-1.17003	0.05779	-0.35608
江苏	2014	华东	0.56799	0.86454	0.13528	0.68971	-0.06175	0.13180	-1.15608	0.25659	-1.18924
江苏	2015	华东	0.61879	0.73239	0.39100	1.25266	-0.02350	0.34118	-1.16245	0.80378	-0.34054
江苏	2016	华东	0.76484	0.72148	0.42833	1.15013	-0.08724	0.41508	-0.97791	0.08750	-0.58688
江苏	2017	华东	0.80221	0.72493	0.85661	0.89102	-0.10697	-0.00578	-1.13220	0.11954	-0.70037
江苏	2018	华东	0.85531	0.71478	1.15023	0.58991	-0.12318	0.01524	-1.08430	0.52556	-1.12033
江苏	2019	华东	1.00955	0.66967	1.35277	0.63075	0.04149	-0.32151	-0.93570	0.74778	-0.80232
江西	2010	华东	-0.93004	0.51175	-1.11855	-0.69645	0.59314	-1.12970	0.01032	1.01262	2.16368
江西	2011	华东	-0.77030	0.63997	-1.28010	-0.32032	0.70519	-1.02737	-0.30170	0.49918	1.83235
江西	2012	华东	-0.69944	0.56761	-0.63700	-0.37077	0.62073	-1.24616	-0.33201	0.71653	1.91729
江西	2013	华东	-0.75864	0.81921	-0.42910	-0.31445	0.46969	-0.76767	-0.34157	0.47074	0.92824
江西	2014	华东	-0.78334	0.88169	-0.32246	-0.03676	0.48565	-0.82238	-0.31863	0.18727	0.58397

附录

续表

全国及各省份	年份	区域	1	2	3	4	5	6	7	8	9
江西	2015	华东	−0.86699	0.76432	−0.04630	0.32601	0.69453	−0.77083	−0.02438	0.60611	0.98727
江西	2016	华东	−0.76291	0.87488	−0.07373	0.26604	0.61944	−0.95696	−0.18008	−0.11085	0.63607
江西	2017	华东	−0.69068	0.80915	0.32740	0.38319	0.68605	−1.14684	−0.41195	−0.30771	0.62243
江西	2018	华东	−0.67458	0.91700	0.57542	0.31423	0.59761	−1.01782	−0.54961	0.42817	0.75885
江西	2019	华东	−0.46510	0.84003	0.69825	0.17033	0.96671	−1.11575	−0.50472	0.75457	0.89752
河北	2010	华北	−0.42895	−0.01941	−0.16597	−0.93723	0.21913	0.15042	−1.26269	1.62591	0.85267
河北	2011	华北	−0.19199	0.01570	−0.66064	−1.53775	0.44918	0.09106	−1.29911	0.73157	−0.15656
河北	2012	华北	−0.41950	0.08957	0.12988	−1.08397	0.16071	−0.00189	−1.04919	0.78616	−0.20735
河北	2013	华北	−0.47088	0.08322	0.59631	−0.41393	0.30678	0.51492	−1.01485	0.83907	−0.09285
河北	2014	华北	−0.52974	0.20936	1.06513	−0.21678	0.10019	0.92378	−0.64746	0.89281	0.09990
河北	2015	华北	−0.55189	0.13872	1.34777	0.34309	0.09861	0.43009	−0.73295	0.66722	0.91185
河北	2016	华北	−0.49532	0.16370	1.30569	0.28877	0.18933	−0.01811	−0.64993	0.06937	−0.03733
河北	2017	华北	−0.35245	0.18325	1.53978	0.17726	0.22423	0.04380	−0.75362	0.05213	0.67802
河北	2018	华北	−0.14220	0.19253	1.69192	−0.26577	−0.09191	−0.06156	−0.71798	0.58988	−0.17383

续表

全国及各省份	年份	区域	1	2	3	4	5	6	7	8	9
河北	2019	华北	-0.11706	0.17980	1.66217	-0.08796	0.31520	-0.13150	-0.42733	0.61295	0.20508
河南	2010	华中	-0.50763	0.31606	-0.89266	-0.86860	-0.26874	-0.11191	-1.23349	0.19067	-0.18990
河南	2011	华中	-0.36236	0.40668	-1.14107	-0.61354	0.06481	0.05295	-1.65071	-0.24522	-0.23096
河南	2012	华中	-0.44438	0.26094	-0.30364	-0.21622	-0.10214	-0.35599	-1.45954	-0.00620	-0.04645
河南	2013	华中	-0.46253	0.51135	-0.23313	-0.05346	-0.16798	-0.08416	-1.35875	-0.35625	-1.25357
河南	2014	华中	-0.42097	0.62903	0.16246	0.24361	-0.12138	0.03137	-1.56869	-0.31468	-0.05476
河南	2015	华中	-0.41243	0.52355	0.49189	0.17106	-0.15647	-0.31608	-1.28906	0.09797	-0.50216
河南	2016	华中	-0.43680	0.64455	0.56257	0.54689	-0.11914	-0.02667	-1.11136	-0.50443	-0.24358
河南	2017	华中	-0.28289	0.59870	0.79036	0.47492	-0.17879	-0.35737	-1.24729	-0.74002	0.15781
河南	2018	华中	-0.26003	0.61737	0.86622	0.52027	-0.00777	-0.16240	-1.37857	-0.35143	0.32445
河南	2019	华中	-0.13723	0.56120	0.66382	0.36047	0.71095	-0.34740	-1.24859	-0.27737	-0.63612
浙江	2010	华东	0.04210	0.93843	-0.92352	-0.03925	-0.38412	-0.52627	0.26338	3.48698	-0.76981
浙江	2011	华东	0.13183	1.04935	-0.41193	0.01826	-0.69256	-0.53344	0.13225	2.19291	-1.32489
浙江	2012	华东	0.07557	1.15761	-0.11699	0.67909	-0.83247	-0.30132	0.19814	1.89008	-0.66977

续表

全国及各省份	年份	区域	1	2	3	4	5	6	7	8	9
浙江	2013	华东	0.21878	1.12712	0.01157	0.64045	−0.60370	0.16640	0.08468	1.62214	−0.44263
浙江	2014	华东	0.19331	1.16047	0.17806	0.70414	−0.63650	0.09219	0.29800	1.77289	−1.08414
浙江	2015	华东	0.24994	1.01359	0.31612	1.28565	−0.50737	−0.08406	0.46603	1.90545	−0.86649
浙江	2016	华东	0.37956	0.94854	0.42655	1.40494	−0.30312	−0.01620	0.26937	0.63517	−0.43703
浙江	2017	华东	0.57334	0.97682	0.63028	1.07251	−0.35836	−0.38911	0.14624	0.63465	−0.59915
浙江	2018	华东	0.73602	1.04907	0.84301	0.77144	−0.51646	−0.14516	0.13569	1.07654	−0.79868
浙江	2019	华东	0.88902	1.06654	0.85607	0.83617	−0.52496	−0.18279	0.43460	1.37051	−0.82999
海南	2010	华南	−0.48679	−0.14951	−2.40856	−0.17524	1.00302	1.47586	0.71406	0.33637	2.86874
海南	2011	华南	−0.26301	−0.32695	−2.14331	0.66547	0.62928	1.15666	1.55999	−0.81764	1.88015
海南	2012	华南	−0.45969	0.00609	−0.93626	0.37435	−0.17755	1.10959	1.21145	−0.56177	0.46319
海南	2013	华南	−0.59952	−0.01993	−0.91135	0.86661	0.43042	1.21535	1.08063	−1.49931	1.40131
海南	2014	华南	−0.78804	0.16546	−0.23362	0.79689	0.48818	−1.00737	0.92865	−1.30733	0.86234
海南	2015	华南	−0.85579	−0.16261	0.18806	0.74609	0.92688	−1.67456	2.04533	−1.58414	1.28885
海南	2016	华南	−0.69759	−0.06093	0.17532	0.01487	0.61251	−1.87568	1.70996	−1.13153	−0.07171

续表

全国及各省份	年份	区域	1	2	3	4	5	6	7	8	9
海南	2017	华南	−0.75251	−0.15073	−0.17078	0.89366	1.12314	−1.32935	3.12033	−1.65552	0.48909
海南	2018	华南	−0.62380	−0.02807	0.16385	0.92098	0.63818	−1.08253	2.66606	−1.48261	0.79538
海南	2019	华南	−0.44674	0.05462	0.59479	0.55724	0.69852	−1.45426	2.22161	−0.26150	0.88846
湖北	2010	华中	−0.54312	0.44042	−1.49216	−0.94135	0.33526	0.88012	−0.01835	−0.24855	1.81403
湖北	2011	华中	−0.25949	0.43915	−1.70719	−1.73340	0.64888	−0.26874	−0.31325	−0.63769	−0.01661
湖北	2012	华中	−0.28846	0.44402	−0.82189	−1.33202	0.34848	−0.26578	−0.17875	−0.55825	−0.12438
湖北	2013	华中	−0.23479	0.54856	−0.42988	−0.80149	0.15829	−0.24186	−0.49104	−0.33752	−0.03630
湖北	2014	华中	−0.21062	0.51902	−0.01460	−0.24364	0.31996	−0.50683	−0.63491	−0.95104	0.55384
湖北	2015	华中	−0.02206	0.39421	0.23400	0.03258	0.20838	−0.82863	−0.40941	−0.81322	0.10350
湖北	2016	华中	0.10423	0.34000	0.41852	0.12631	0.20017	−0.70351	−0.47661	−1.38277	0.12567
湖北	2017	华中	0.12020	0.45887	0.69831	0.06764	0.12819	−0.92144	−0.45736	−1.57059	0.07017
湖北	2018	华中	0.23152	0.48004	0.80033	0.01097	0.12541	−0.74888	−0.48827	−1.02130	0.17559
湖北	2019	华中	0.33392	0.49386	0.89567	−0.01421	0.27293	−0.76264	−0.63661	−0.66403	0.10853
湖南	2010	华中	−0.80649	0.26916	−1.18511	−0.99431	0.13734	−0.04400	0.26054	0.29472	0.54767

附录

续表

全国及各省份	年份	区域	1	2	3	4	5	6	7	8	9
湖南	2011	华中	-0.60628	0.30357	-1.37368	-0.74122	0.59806	-0.38111	-0.51370	-0.26253	0.60652
湖南	2012	华中	-0.86456	0.43066	-0.44263	0.01959	0.18211	-0.19591	-0.35460	0.22282	0.70477
湖南	2013	华中	-0.79910	0.57031	-0.15356	-0.15424	0.09690	-0.28156	-0.46930	-0.00152	0.07390
湖南	2014	华中	-0.86740	0.70087	0.43022	0.06988	0.05316	-0.47148	-0.45767	0.15739	0.16213
湖南	2015	华中	-0.69758	0.71570	0.71910	-0.12484	-0.01944	-0.46611	-0.06548	0.31880	0.35570
湖南	2016	华中	-0.62605	0.72247	0.72922	-0.03689	0.06824	-0.68782	-0.11948	-0.33957	0.24612
湖南	2017	华中	-0.52733	0.75367	1.03309	-0.15061	-0.07423	-0.87550	-0.07187	-0.40995	-0.00048
湖南	2018	华中	-0.32900	0.81034	1.08764	-0.23093	-0.30355	-0.86265	-0.39758	-0.18905	-0.04793
湖南	2019	华中	-0.39854	0.75336	1.09863	-0.28755	0.75308	-0.85932	0.15069	0.08794	0.55453
甘肃	2010	西北	0.12001	-1.19151	-1.30229	-2.93856	2.17917	1.11734	-0.37053	-0.04842	-2.33065
甘肃	2011	西北	0.33691	-1.19175	-1.60597	-3.13172	1.93329	0.12459	-0.42499	-0.86808	-2.32738
甘肃	2012	西北	0.26217	-1.17916	-1.02395	-2.02246	2.07457	0.83391	-0.26776	-1.11089	-0.25316
甘肃	2013	西北	0.39366	-1.00379	-0.66843	-2.39680	2.47474	0.12476	-0.41353	-1.01622	-0.91034
甘肃	2014	西北	0.22848	-0.99032	-0.10363	-1.87192	2.56001	-0.09834	-0.28567	-1.21300	-1.40858

续表

全国及各省份	年份	区域	1	2	3	4	5	6	7	8	9
甘肃	2015	西北	0.09065	−1.15587	0.60296	−0.87408	−2.62855	−0.87899	−0.25371	−1.00576	−0.74260
甘肃	2016	西北	0.11828	−1.02601	0.69559	−0.92465	−2.72745	−0.58008	0.27860	−1.55257	−1.29136
甘肃	2017	西北	0.05448	−0.83891	1.19270	−0.09439	−2.60673	−0.29538	−0.52975	−1.48358	−0.74374
甘肃	2018	西北	0.17796	−0.79474	1.09230	−0.41937	−2.49668	0.02592	−0.56734	−0.76863	−0.67932
甘肃	2019	西北	0.22614	−0.77214	1.17552	−0.20083	−2.37218	−0.07624	−0.29331	−0.40312	−0.5404
福建	2010	华东	−0.79838	1.01151	−1.48320	0.40200	−0.13435	0.03579	1.11993	2.18025	1.03338
福建	2011	华东	−0.58583	1.11997	−1.81167	0.39091	−0.00839	−0.05453	0.66086	1.51773	1.46092
福建	2012	华东	−0.66394	1.06045	−1.01154	0.84738	−0.15281	−0.14254	0.69673	1.60476	1.00087
福建	2013	华东	−0.59750	1.20175	−0.63954	0.60391	−0.14674	0.04240	0.53704	1.67761	−0.20627
福建	2014	华东	−0.58705	1.14118	−0.19565	1.12777	0.03728	0.04917	0.34149	1.45836	0.16952
福建	2015	华东	−0.63655	1.08362	0.14003	1.27799	0.20575	−0.01492	0.96902	1.85413	−0.05839
福建	2016	华东	−0.53117	1.10704	0.12785	0.96863	0.27641	−0.46049	1.01207	0.79759	−0.60921
福建	2017	华东	−0.41444	1.13010	0.31579	1.07689	0.27768	−0.71756	0.70393	0.91455	−0.40146
福建	2018	华东	−0.26226	1.19079	0.64630	0.92456	0.26699	−0.28534	0.54012	1.37826	−0.23474

续表

全国及各省份	年份	区域	1	2	3	4	5	6	7	8	9
福建	2019	华东	-0.08692	1.22867	0.54325	0.90573	0.27263	-0.22393	0.58557	1.50251	-0.28540
西藏	2010	西南	-0.87352	-4.33762	-1.00228	1.15594	-0.03279	-1.55147	0.73145	2.48212	-2.45669
西藏	2011	西南	-0.62107	-4.17672	-1.37655	0.78467	-0.22667	-2.07593	-0.09920	0.87970	-4.45036
西藏	2012	西南	-0.56797	-4.16321	-0.52848	1.08694	-0.07777	-2.46486	-0.11810	2.38149	-2.48978
西藏	2013	西南	-0.62726	-4.14305	-0.81155	1.53291	-0.17320	-1.83325	-0.84509	0.59066	-2.52599
西藏	2014	西南	-0.77953	-3.49205	0.25044	1.86979	-0.16867	-1.92911	-0.79048	1.61436	-0.81190
西藏	2015	西南	-0.77042	-3.88752	-0.11884	4.06411	1.48937	-1.31537	-0.51815	0.45989	7.75000
西藏	2016	西南	-0.85495	-3.58607	0.09791	1.92696	0.25034	-1.96490	-0.30230	-0.50662	-1.66713
西藏	2017	西南	-0.84442	-3.41255	0.47245	2.24479	0.40441	-1.68844	-0.22418	-0.63713	-1.18657
西藏	2018	西南	-0.81129	-3.29395	0.79246	2.07026	0.62192	-1.60780	0.15650	0.21591	-0.91496
西藏	2019	西南	-0.57155	-3.23511	1.08377	2.06021	0.40994	-1.54284	-0.01256	1.08209	-0.09819
贵州	2010	西南	-0.72472	-0.94704	-1.36611	1.00981	-2.82610	0.99773	-0.83382	0.35767	-0.36573
贵州	2011	西南	-0.29360	-0.79073	-2.12056	1.13045	-2.64926	1.14717	-0.99494	-1.25950	0.90426
贵州	2012	西南	-0.29122	-0.67250	-1.30646	1.33118	-2.85136	0.60183	-1.19795	-0.54180	0.62809

续表

全国及各省份	年份	区域	1	2	3	4	5	6	7	8	9
贵州	2013	西南	-0.38506	-0.49477	-0.86076	1.39632	-2.44808	0.68672	-1.07225	-1.00223	0.94862
贵州	2014	西南	-0.44942	-0.22921	-0.39777	1.06331	-2.83458	0.26738	-0.80358	-0.71813	-0.08206
贵州	2015	西南	-0.32293	-0.15959	0.22999	0.44856	-2.68402	-0.26169	-1.11262	1.14098	0.01672
贵州	2016	西南	-0.44927	-0.16178	0.26642	1.08760	-2.22515	-0.55894	-1.13867	-0.81380	-0.09589
贵州	2017	西南	-0.39021	-0.04481	0.44616	0.37268	-2.22492	-0.74323	-0.61579	-1.13296	-0.50611
贵州	2018	西南	-0.24343	0.11862	0.66793	0.28244	-2.32382	-0.28828	-1.06527	-0.51100	-0.29117
贵州	2019	西南	-0.39224	-0.04123	0.86158	0.51210	-1.02786	0.42089	-0.21858	0.30074	0.90778
辽宁	2010	东北	-0.13922	0.41572	-1.29039	-1.08042	2.10592	-0.72000	-0.48387	-1.49839	0.23920
辽宁	2011	东北	-0.01527	0.38481	-0.97598	-1.02341	1.46350	-0.75703	-0.88700	-0.76206	-0.51652
辽宁	2012	东北	-0.11283	0.38078	-0.31956	-0.47002	1.46147	-0.79626	-0.47027	-0.88482	-0.29418
辽宁	2013	东北	0.00726	0.46860	0.03189	-0.41339	1.06036	-0.48224	-0.64057	-1.05489	-0.27326
辽宁	2014	东北	-0.24097	0.52936	0.95351	-0.67537	0.70423	-0.27141	0.06154	-0.74447	-0.61400
辽宁	2015	东北	-0.40066	0.49000	1.72699	-0.86672	0.39866	-0.26672	0.96964	-0.47393	-0.06307
辽宁	2016	东北	-0.41053	0.59800	1.72653	-1.30494	0.13752	0.39331	1.53868	-1.42948	-0.95026

附录

续表

全国及各省份	年份	区域	1	2	3	4	5	6	7	8	9
辽宁	2017	东北	-0.23779	0.74369	1.51966	-1.12164	0.62600	-0.02635	0.88485	-1.55441	-0.04193
辽宁	2018	东北	0.03351	0.81286	1.26662	-1.44165	0.75676	0.18937	0.69922	-1.47350	-0.06481
辽宁	2019	东北	0.04969	0.78700	1.42170	-1.24125	0.93861	-0.12222	0.63832	-1.40069	-0.15243
重庆	2010	西南	-0.65094	0.40272	-1.31013	0.35802	-0.50903	0.43423	0.64595	-0.92599	1.27639
重庆	2011	西南	-0.27409	0.38091	-1.63374	0.25383	-0.15532	-0.13471	0.12322	-1.45624	0.31441
重庆	2012	西南	-0.38637	0.30809	-0.82176	0.77344	-0.43130	-0.26082	0.61889	-0.95505	0.81748
重庆	2013	西南	-0.47107	0.54685	-0.69324	0.79386	-0.04313	-0.34220	0.35031	-1.00543	0.51913
重庆	2014	西南	-0.28437	0.62801	-0.18193	0.51415	-0.01310	-0.30648	-0.01171	-1.38551	0.16616
重庆	2015	西南	-0.41459	0.65521	-0.00337	0.72694	0.16689	-0.07431	0.16357	-1.24227	-0.08845
重庆	2016	西南	-0.26398	0.76454	0.35019	0.40228	0.04187	-0.13433	0.11932	0.23731	-0.07465
重庆	2017	西南	-0.03434	0.81536	0.41168	0.42675	-0.07473	0.02530	0.49202	-0.90063	-0.27495
重庆	2018	西南	-0.11321	0.84488	0.87060	0.06643	-0.10472	-0.33181	0.49160	-0.01278	-0.05724
重庆	2019	西南	0.17170	0.82474	0.79898	0.13572	0.09089	-0.78422	0.20090	-0.04472	-0.10244
陕西	2010	西北	0.28606	-0.12321	-1.55749	-1.76029	-0.86666	1.14412	-0.40154	-1.10059	0.63521

续表

全国及各省份	年份	区域	1	2	3	4	5	6	7	8	9
陕西	2011	西北	0.43754	-0.23832	-1.51783	-0.77558	-0.36389	0.30984	-1.04297	-1.31249	0.74974
陕西	2012	西北	0.54803	-0.00271	-0.89307	-0.39736	-1.64041	-0.00068	-0.97732	-1.75576	0.72029
陕西	2013	西北	0.64641	0.22784	-0.55224	-1.03297	-1.76951	0.11172	-0.91078	-1.68258	-0.16202
陕西	2014	西北	0.26968	0.16269	0.03542	0.22478	-1.31876	-0.12619	-0.42021	-1.48637	-0.10941
陕西	2015	西北	0.28283	0.15516	0.30068	-0.15743	-1.16668	-0.33787	0.24305	-1.35352	0.20056
陕西	2016	西北	0.30138	0.09464	0.60262	-0.10811	-0.99576	-0.66353	-0.02539	0.05644	0.00473
陕西	2017	西北	0.50670	0.13754	0.37740	-0.16947	-0.74991	-0.69123	-0.27713	-1.69789	0.18452
陕西	2018	西北	0.67057	0.20005	0.47337	-0.50464	-0.56925	-0.11118	-0.49347	-0.48477	0.22496
陕西	2019	西北	0.80613	0.27034	0.66155	-0.17885	-0.61319	-0.22043	-0.78895	-0.11740	0.35730
青海	2010	西北	-0.15622	-1.89917	-1.54194	-2.69054	0.78756	0.27005	-0.60436	-1.99597	-0.24426
青海	2011	西北	0.08751	-1.94381	-1.00343	-1.50196	0.45974	0.73260	-1.55672	0.27576	0.06807
青海	2012	西北	-0.15771	-2.00372	-0.18845	-0.80872	0.22391	0.21344	-1.15247	-0.36889	0.15813
青海	2013	西北	0.05228	-2.02202	-0.16599	-0.93405	0.08583	0.49640	-0.81571	-1.13391	-0.33977
青海	2014	西北	-0.14721	-1.96598	0.23021	-0.29777	-0.02355	1.01265	-0.24565	-1.21034	-0.11303

附录

续表

全国及各省份	年份	区域	1	2	3	4	5	6	7	8	9
青海	2015	西北	-0.38322	-2.27327	0.49667	0.24892	0.49166	0.31602	1.11924	-0.95885	-0.48840
青海	2016	西北	-0.30058	-1.98206	0.87016	0.23786	0.08175	0.92221	1.24923	-1.23767	-0.02191
青海	2017	西北	-0.15317	-1.93610	1.05037	0.03111	0.17162	-0.03040	1.00162	-0.92709	0.63244
青海	2018	西北	0.00776	-1.68502	1.31000	-0.51718	-0.01732	0.60518	0.38032	-0.25316	0.48565
青海	2019	西北	-0.03446	-1.87021	1.32878	0.23249	0.60533	0.04001	1.29700	-0.42511	0.36920
黑龙江	2010	东北	-0.25899	-0.24798	-0.99943	-2.72257	1.56241	-0.38577	-0.27548	1.17462	-0.60904
黑龙江	2011	东北	-0.04332	-0.02840	-1.35733	-3.10830	1.52352	-0.42534	-0.06411	0.51633	-1.01078
黑龙江	2012	东北	-0.34025	-0.05876	-0.60579	-2.11701	1.67382	-0.65953	0.26990	0.93387	-0.03028
黑龙江	2013	东北	-0.38920	0.13717	-0.13693	-2.82813	1.29938	0.01610	0.87045	0.40858	-0.68324
黑龙江	2014	东北	-0.52994	0.22834	0.73271	-2.92189	1.05367	-0.13979	1.32601	-0.09683	-1.42474
黑龙江	2015	东北	-0.87378	0.07533	1.23066	-1.38207	1.24130	0.03239	1.56411	-0.20880	-0.16814
黑龙江	2016	东北	-0.81341	0.00441	1.11676	-1.38677	1.15230	-0.29738	1.81970	-0.39391	-0.99541
黑龙江	2017	东北	-0.75621	-0.01264	1.38978	-1.73821	1.40939	-0.70897	1.65480	-1.04946	-0.89777
黑龙江	2018	东北	-0.60499	0.18033	1.53768	-1.90784	1.13984	-0.50662	1.27173	-0.29113	-0.93123
黑龙江	2019	东北	-0.42508	0.05693	1.64124	-1.74522	1.25355	-0.89560	1.55851	0.09745	-0.49099

附录 F 部分省份残差序列图

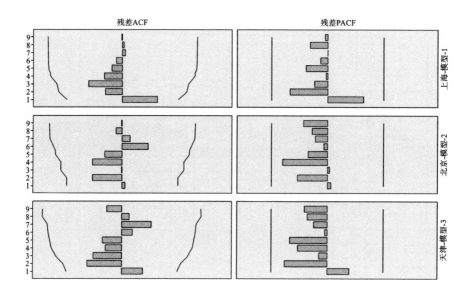

附录 G 部分省份预测拟合图

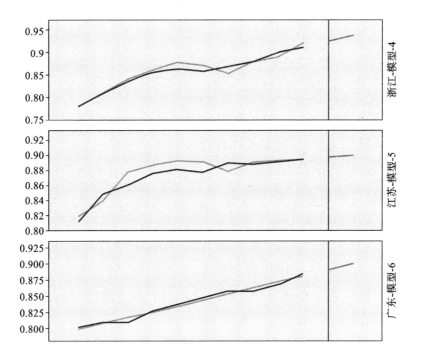

参 考 文 献

[1] 习近平.决胜全面建成小康社会 夺取新时代中国特色社会主义伟大胜利——在中国共产党第十九次全国代表大会上的报告[M].北京:人民出版社,2017.

[2] 习近平.高举中国特色社会主义伟大旗帜 为全面建设社会主义现代化国家而团结奋斗——在中国共产党第二十次全国代表大会上的报告[M].北京:人民出版社,2022.

[3] 中共中央关于党的百年奋斗重大成就和历史经验的决议[M].北京:人民出版社,2021.

[4] 习近平.全党必须完整、准确、全面贯彻新发展理念[J].求是,2022(16).

[5] 习近平.在党的十八届五中全会第二次全体会议上的讲话[J].求是,2016(1).

[6] 习近平.深刻认识建设现代化经济体系重要性 推动我国经济发展焕发新活力迈上新台阶[N].人民日报,2018-02-01.

[7] 习近平.坚持新发展理念打好"三大攻坚战"奋力谱写新时代湖北发展新篇章[N].人民日报,2018-04-29.

[8] 习近平.在省部级主要领导干部学习贯彻党的十八届五中全会精神专题研讨班上的讲话[N].人民日报,2016-05-10.

[9] 习近平.聚焦发力贯彻五中全会精神 确保如期全面建成小康

社会[N].人民日报,2016-01-19.

[10] 习近平.在深圳经济特区建立40周年庆祝大会上的讲话[N].人民日报,2020-10-15.

[11] 李欢.新旧动能转换视角下现代化经济体系建设研究——基于湖北省的经济现状观察[J].现代商贸工业,2019(31).

[12] 罗浩准.新时代背景下的现代化经济体系建设[J].知识经济,2019(28).

[13] 余新培.现代化经济体系建设中应处理好的几对关系[J].企业经济,2019(09).

[14] 李晓琳,杨广青.多维度协同建设福建省现代化经济体系[J].发展研究,2019(9).

[15] 齐晶晶.产业绿色创新系统演化对现代化经济体系的推动机制[J].科学与管理,2019(4).

[16] 周权雄.粤港澳大湾区视域下广州建设现代化经济体系评价研究[J].改革与战略,2019(8).

[17] 郭威,杨弘业,李明浩.以供给侧结构性改革为主线建设现代化经济体系的路径选择[J].经济研究参考,2019(14).

[18] Liu Z B. Building a modern economic system:Basic framework, key issues, and theoretical innovation [J]. China Political Economy,2019,2(1).

[19] 郭瑞萍,王甜甜.我国"现代化经济体系"形成的历史逻辑[J].理论导刊,2019(7).

[20] 侯为民.现代化经济体系的理论指向与时代内涵[J].东北财经大学学报,2019(3).

[21] 刘陶.湖北现代化经济体系建设水平测度与提升路径研究[J].长江大学学报(社会科学版),2019(3).

[22] 张燕生,梁婧姝.现代化经济体系的指标体系研究[J].宏观经济管理,2019(4).

[23] 文魁.建设现代化经济体系是一篇大文章[N].经济日报,2019-04-08.

[24] 洪银兴.建设现代化经济体系的内涵和功能研究[J].求是学刊,2019(2).

[25] 蒋小凤.贯彻新发展理念 建设现代化经济体系[J].中国集体经济,2019(8).

[26] 苏屹,王洪彬,林周周.东三省现代化经济体系构成与优化策略研究[J].中国科技论坛,2019(3).

[27] 洪银兴.以建设现代化经济体系开启现代化新征程[J].红旗文稿,2019(2).

[28] 刘戒骄.论建设现代化经济体系的三个关键点[J].辽宁大学学报(哲学社会科学版),2019(1).

[29] 王伟光,李腾.体系化创新与现代化经济体系发展[J].辽宁大学学报(哲学社会科学版),2019(1).

[30] 丁文锋."建设现代化经济体系"解析[N].郑州日报,2019-01-04.

[31] 曹扬,施惠玲.健全和规范现代化经济体系的主体秩序和交易秩序[J].经济问题,2019(1).

[32] 苏屹,王洪彬,林周周.东三省现代化经济体系创新要素结构优化策略研究[J].科技进步与对策,2019(1).

[33] 苏阳.改革开放历程对现代化经济体系的建设启示[J].社科纵横,2018(12).

[34] 高汝仕.论建设现代化经济体系的核心特征[J].中共四川省委党校学报,2018(4).

[35] 吴俊杰.论现代化经济体系:一个整体性视角[J].宏观经济管理,2018(12).

[36] Akulich M, Kaźmierczyk J. The socio-economic approach to the study of modern economic systems. Post-capitalism. Part 2.

[J]. Management,2018,22(2).

[37] 张涵,丛松日.供给侧结构性改革是建设现代化经济体系的主线[J].长沙大学学报,2018(6).

[38] 周绍朋.强国之路:建设现代化经济体系[J].国家行政学院学报,2018(5).

[39] 丁晋清.建设现代化经济体系的着力点和实践路径[N].深圳特区报,2018-10-16.

[40] 张军果.充分认清建设现代化经济体系的时代价值[J].唯实,2018(10).

[41] 沈开艳,李双金,张晓娣,等.基于国际比较的现代化经济体系特征研究[J].上海经济研究,2018(10).

[42] 周文,包炜杰.国家主体性、国家建构与建设现代化经济体系——基于西欧、美国与中国的现代化发展经验[J].经济社会体制比较,2018(5).

[43] 钟荣丙.建设现代化经济体系必须牢牢把握"五新"[J].马克思主义学刊,2018(2).

[44] 刘伟.新发展理念与现代化经济体系[J].政治经济学评论,2018(4).

[45] 何立峰.大力推动高质量发展　积极建设现代化经济体系[J].宏观经济管理,2018(7).

[46] 余贤群,李煜.抓住现代化经济体系建设的突出矛盾[J].保险理论与实践,2018(6).

[47] 贺晓宇,沈坤荣.现代化经济体系、全要素生产率与高质量发展[J].上海经济研究,2018(6).

[48] 魏杰,汪浩.转型之路:新旧动能转换与高质量发展[J].国家治理,2018(21).

[49] 康达华.建设现代化经济体系的重要意义、全新布局与广州路径[J].经济师,2018(6).

[50] 杨秋宝.新时代现代化经济体系的特质与测度[J].金融博览,2018(5).

[51] 张占斌,戚克维.从社会主要矛盾变化看我国现代化经济体系建设[J].理论探索,2018(3).

[52] 沈文玮.现代化经济体系建设的主要路径[J].经济研究参考,2018(24).

[53] 季晓南.充分发挥创新对现代化经济体系建设的战略支撑作用[J].北京交通大学学报(社会科学版),2018(2).

[54] 沈文玮.建设现代化经济体系的理论与实践认识[J].中国特色社会主义研究,2018(2).

[55] 赵昌文,朱鸿鸣.如何理解现代化经济体系[J].紫光阁,2018(3).

[56] 钟荣丙.建设现代化经济体系必须吐旧纳新[J].山东干部函授大学学报,2018(3).

[57] 刘伟.以供给侧结构性改革为主线建设现代化经济体系[J].中国中小企业,2018(3).

[58] 洪银兴.新时代的现代化和现代化经济体系[J].南京社会科学,2018(2).

[59] 盛毅,王玉林.建设具有中国特色的现代化经济体系[J].经济研究参考,2018(12).

[60] 马一德.建设现代化经济体系关键是构建新时代技术创新体系[J].红旗文稿,2018(4).

[61] 刘志彪.建设现代化经济体系:基本框架路径和方略[J].经济理论与经济管理,2018(2).

[62] Hong C. "Building a Modern Economic System" Reveals new Ideas of China's Economy in the new Era[J]. International Journal of Intelligent Information and Management Science, 2018,7(1).

[63] 张俊山.对新时代中国特色社会主义现代化经济体系建设的几点认识[J].经济纵横,2018(2).

[64] 贾华强.实现更高质量发展的"四个必须"[J].国家治理,2018(5).

[65] 石建勋,张凯文,李兆玉.现代化经济体系的科学内涵及建设着力点[J].财经问题研究,2018(2).

[66] 李娟.贯彻新发展理念　建设现代化经济体系[J].中共太原市委党校学报,2018(1).

[67] 简新华.新时代现代化经济体系建设几个关键问题[J].人民论坛·学术前沿,2018(2).

[68] 王东京.推进现代化经济体系建设的着力点[J].中国经济周刊,2018(4).

[69] 张辉.建设现代化经济体系的理论与路径初步研究[J].北京大学学报(哲学社会科学版),2018(1).

[70] 辜胜阻.供给侧结构性改革是现代化经济体系的主线[N].团结报,2018-01-20.

[71] 贾康.着力建设现代化经济体系[J].经济,2018(2).

[72] 韩保江."供给侧结构性改革"的政治经济学释义——习近平新时代中国特色社会主义经济思想研究[J].经济社会体制比较,2018(1).

[73] 姜乃东.贯彻新发展理念　建设现代化经济体系[N].丹东日报,2018-01-15.

[74] 傅丽芬.现代化经济体系的基础:四者协同产业体系的构建[J].北华大学学报(社会科学版),2018(1).

[75] 王一鸣.深化改革　建设现代化经济体系[J].中国经贸导刊,2018(1).

[76] 黄桂田.正确处理政府与市场的关系,建立有中国特色社会主义市场经济体系[J].政治经济学评论,2018(1).

[77] 刘志彪.建设现代化经济体系:新时代经济建设的总纲领[J].山东大学学报(哲学社会科学版),2018(1).

[78] 何自力,乔晓楠.建设现代化经济体系,增强我国经济创新力和竞争力[J].马克思主义研究,2017(12).

[79] 蒋永穆.建设现代化经济体系必须坚持的基本取向[J].马克思主义研究,2017(12).

[80] 顾钰民.推进现代化经济体系建设[J].中国特色社会主义研究,2017(6).

[81] 迟福林.以高质量发展为核心目标建设现代化经济体系[J].行政管理改革,2017(12).

[82] 季晓南.加强现代化经济体系的理论和实证研究[J].行政管理改革,2017(12).

[83] 周跃辉.以新发展理念推动建设现代化经济体系[J].紫光阁,2017(12).

[84] 何立峰.贯彻落实新发展理念 建设现代化经济体系[J].中国经贸导刊,2017(34).

[85] 李妍,何健文,刘永子,等.广东创新指数的构建及评价分析[J].科技创新发展战略研究,2017(2).

[86] 袁晓江.建设现代化经济体系要深化供给侧结构性改革[J].特区实践与理论,2017(6).

[87] 宁吉喆.深入学习贯彻党的十九大精神 加快推进现代化经济体系建设[J].宏观经济管理,2017(12).

[88] 张永强,侯斌.省委宣讲团在省国土资源厅宣讲党的十九大精神[J].资源导刊,2017(12).

[89] 张占斌,孙飞.建设现代化经济体系 引领经济发展新时代[J].中国党政干部论坛,2017(12).

[90] 高妍蕊.建设现代化经济体系,迈向高质量发展[J].中国发展观察,2017(23).

[91] 邹一南,赵俊豪.中国经济发展方式转变指标体系的构建与测度[J].统计与决策,2017(23).

[92] 吴晓球.构建现代化经济体系和现代化金融体系[J].金融经济,2017(12).

[93] 杨宜勇.建设新时代的现代化经济体系[J].中国中小企业,2017(12).

[94] 迟福林.从三个维度看现代化经济体系建设[J].中国经济报告,2017(12).

[95] 宁吉喆.建设现代化经济体系　实现新时代高质量发展[N].经济日报,2017-11-30.

[96] 王小广.加快现代化经济体系建设　实现全面强国梦[N].四川日报,2017-11-30.

[97] 刘志彪."现代化经济体系"的要素是什么[J].领导科学,2017(33).

[98] 许光建,孙伟.论建设现代化经济体系的重点和若干主要关系[J].价格理论与实践,2017(11).

[99] 刘伟.现代化经济体系是发展、改革、开放的有机统一[J].经济研究,2017,52(11).

[100] 何自力.建设现代化经济体系　实现创新驱动发展[J].理论与现代化,2017(06).

[101] 范锐平.学习新思想　发展新经济　加快建设新时代现代化经济体系[J].先锋,2017(11).

[102] 赵文丁.建设现代化经济体系　推动实现高质量发展[J].领导之友,2017(22).

[103] 胡鞍钢,张新.现代化经济体系:发展的战略目标[J].现代企业,2017(11).

[104] 李锦.建立与现代化经济体系相适应的国企改革动力体系[J].企业文明,2017(11).

[105] 吴晓求.建设现代化经济体系的五大要素[J].中国房地产,2017(32).

[106] 邹薇.把提高供给质量作为主攻方向 努力建设现代化经济体系[J].湖北政协,2017(11).

[107] 李佐军.适应新时代需要 建设现代化经济体系[N].中国经济时报,2017-11-13.

[108] 蔡之兵.新发展理念与建设现代化经济体系的关系研究与探讨[J].经济研究参考,2017(63).

[109] 金辉.专家热议现代化经济体系建设[J].经济研究参考,2017(63).

[110] 季晓南.加强现代化经济体系的理论和实证研究[J].经济研究参考,2017(63).

[111] 杜志雄.建设现代化经济体系需补齐短板[J].经济研究参考,2017(63).

[112] 蔡恩泽.建设现代化经济体系 跨越新时代发展关口[J].上海企业,2017(11).

[113] 黄群慧.着力践行以人民为中心的发展理念,构建现代化经济体系[J].财经智库,2017(6).

[114] 杨宜勇.如何建设现代化经济体系[J].人民论坛,2017(S2).

[115] 安蓓,齐中熙,季明."建设现代化经济体系" 透出新时代中国经济新信号[J].商业文化,2017(31).

[116] 刘世锦.推动经济发展质量变革、效率变革、动力变革[J].中国发展观察,2017(21).

[117] 陈启清.以新理念引领中国经济新发展[J].中国报道,2017(11).

[118] 焦方义.贯彻新发展理念建设现代化经济体系[J].学术交流,2017(11).

[119] 胡鞍钢,张新.现代化经济体系:发展的战略目标[J].商业观察,2017(11).

[120] 倪春华.建设现代化经济体系的战略背景[J].中外企业家,2017(31).

[121] 王一鸣.加快建设新时期现代化经济体系[J].中国金融,2017(21).

[122] 吴云.迎接新时代 树立新状态 为推动建立现代化经济体系贡献力量[J].中国税务,2017(11).

[123] 蔡恩泽.建设现代化经济体系 跨越新时代发展关口[J].产权导刊,2017(11).

[124] 侯建民.贯彻新发展理念积极为建设现代化经济体系建言献策[N].人民政协报,2017-11-01.

[125] 毕监武.读懂主要矛盾 建设现代化经济体系[N].青岛日报,2017-10-29.

[126] 胡鞍钢,张新.现代化经济体系:发展的战略目标[N].经济日报,2017-10-27.

[127] 刘志彪.建设现代化经济体系是解决新的社会主要矛盾必由之路[N].新华日报,2017-10-25.

[128] 王尔德.赵昌文:现代化经济体系是实现中国现代化的经济基础[N].21世纪经济报道,2017-10-24.

[129] 王辉.努力建设高质量发展的现代化经济体系[N].中国经济时报,2017-10-23.

[130] 贾康.建设新时代的现代化经济体系——从我国社会主要矛盾的转化看以供给侧结构性改革为主线[J].人民论坛·学术前沿,2018(5).

[131] 孙小兰.贯彻新发展理念 建设现代化经济体系[J].先锋,2017(10).

[132] 马立政,彭双艳,李正图.基本经济制度指标体系研究[J].

上海经济研究,2017(9).

[133] 杨秋宝.以新发展理念引领新发展征程[J].审计观察,2017(2).

[134] 谢炳庚,向云波.美丽中国建设水平评价指标体系构建与应用[J].经济地理,2017(4).

[135] 朱海玲.绿色经济评价指标体系的构建[J].统计与决策,2017(5).

[136] 曹小衡,李月,徐永慧.海峡两岸经济一体化测度体系的构建与比较研究[J].山西财经大学学报,2017(2).

[137] 吕珂,徐世艳,杜鹃,等.农业现代化评价指标体系研究综述[J].安徽农业科学,2016(34).

[138] 杨琛,王宾,李群.国家治理体系和治理能力现代化的指标体系构建[J].长白学刊,2016(2).

[139] 龚洁.区域经济开放评价指标体系构建与实证检验[J].商业经济研究,2015(13).

[140] 王治和,刘佳,张强,等.基于粗糙集属性约简的循环经济指标体系构建[J].统计与决策,2015(6).

[141] 岳利萍.发展视阈下生态文明评价指标体系构建[J].经济纵横,2014(4).

[142] 刘嘉宁.战略性新兴产业评价指标体系构建的理论思考[J].经济体制改革,2013(1).

[143] 阳玉香.低碳经济评价指标体系的构建及实证[J].统计与决策,2012(16).

[144] 谢春,李健.我国新型工业化指标体系构建及评价方法[J].财经理论与实践,2011(4).

[145] 叶依常,黄明凤.低碳经济发展指标体系的构建与实证评价[J].统计与决策,2011(8).

[146] 齐心,张佰瑞,赵继敏.北京世界城市指标体系的构建与测

评[J].城市发展研究,2011(4).

[147] 仲晓东.地区经济国际化指标体系的建立及实证分析[J].企业经济,2011(4).

[148] 孟东方,朱勋春,龚丽,等.科学发展指数评估体系的构建及其现实应用[J].改革,2009(11).

[149] 孙丽冬,陈耀辉.经济对外开放度指数的测算模型[J].统计与决策,2008(14).

[150] 郭冰阳.用动态筛选方法构建我国农业现代化评价指标体系[J].统计与决策,2005(21).

[151] 姜玉山,朱孔来.现代化评价指标体系及综合评价方法[J].统计研究,2002(1).

[152] 杜创,王佰川.基于文献计量分析的"现代化经济体系"研究[J].北京工业大学学报(社会科学版),2019(4).

[153] 方茜.现代化经济体系建设与科技成果转移转化的关系研究——基于解释结构模型的分析[J].软科学,2019(6).

[154] 干春晖,郑若谷,余典范.中国产业结构变迁对经济增长和波动的影响[J].经济研究,2011(5).

[155] 高菲,王峥,龚轶.创新型经济的内涵、架构与中国情境[J].云南财经大学学报,2019(12).

[156] 高歌.构建现代化经济体系的创新机制[J].科学管理研究,2019(1).

[157] 高建昆,程恩富.建设现代化经济体系 实现高质量发展[J].学术研究,2018(12).

[158] 高培勇,杜创,刘霞辉,等.高质量发展背景下的现代化经济体系建设:一个逻辑框架[J].经济研究,2019(4).

[159] 龚轶,王峥,高菲.协同创新、区域差异与现代化经济体系布局——以京津冀为例[J].城市发展研究,2019(8).

[160] 龚轶,王峥.以协同创新引领京津冀现代化经济体系建设研

究[J].当代经济管理,2018(12).

[161] 顾梦佳,王腾,张开.习近平新时代中国特色社会主义经济思想[J].政治经济学评论,2019(3).

[162] 郭威,杨弘业,李明浩.加快建设现代化经济体系的逻辑内涵、国际比较与路径选择[J].经济学家,2019(4).

[163] 贺晓宇,沈坤荣.现代化经济体系、全要素生产率与高质量发展[J].上海经济研究,2018(6).

[164] 洪银兴.建设现代化经济体系的内涵和功能研究[J].求是学刊,2019(2).

[165] 洪银兴.以建设现代化经济体系开启现代化新征程[J].红旗文稿,2019(2).

[166] 胡鞍钢,周绍杰.习近平新时代中国特色社会主义经济思想的发展背景、理论体系与重点领域[J].新疆师范大学学报(哲学社会科学版),2019(2).

[167] 黄聪英.中国实体经济高质量发展的着力方向与路径选择[J].福建师范大学学报(哲学社会科学版),2019(3).

[168] 黄群慧.浅论建设现代化经济体系[J].经济与管理,2018(1).

[169] 荆文君,孙宝文.数字经济促进经济高质量发展:一个理论分析框架[J].经济学家,2019(2).

[170] 李彩华.中国经济转向高质量发展阶段的历史必然性[J].中南财经政法大学学报,2019(1).

[171] 李兆辰,袁富华."现代化经济体系"研究新进展及展望[J].北京工业大学学报(社会科学版),2019(4).

[172] 刘戒骄.论建设现代化经济体系的三个关键点[J].辽宁大学学报(哲学社会科学版),2019(1).

[173] 刘明,王思文.β收敛、空间依赖与中国制造业发展[J].数量经济技术经济研究,2018(2).

[174] 刘伟.建设现代化经济体系为什么要以供给侧结构性改革为主线？[J].政治经济学评论,2018(1).

[175] 刘伟.现代化经济体系是发展、改革、开放的有机统一[J].经济研究,2017(11).

[176] 刘伟.坚持新发展理念建设中国特色社会主义现代化经济体系[J].中国高校社会科学,2017(6).

[177] 刘志彪.建设现代化经济体系:基本框架、关键问题与理论创新[J].南京大学学报(哲学·人文科学·社会科学),2018(3).

[178] 刘志彪.新时代形成全面开放新格局与建设现代化经济体系[J].中南大学学报(社会科学版),2019(2).

[179] 刘志彪.现代化经济体系建设中的重要瓶颈和政策重点[J].中国经济问题,2019(2).

[180] 马立志.新时代建设现代化经济体系的实践逻辑[J].当代经济管理,2019(6).

[181] 马艳,李俊,张思扬.我国现代化经济体系的逻辑框架与建设路径研究[J].教学与研究,2019(5).

[182] 盛朝迅."十四五"时期推进新旧动能转换的思路与策略[J].改革,2020(2).

[183] 孙根年,杨亚丽.2.0版中国旅游恩格尔系数构建及时空变化研究[J].人文地理,2014(3).

[184] 王朝科,谢富胜.建设现代化经济体系——基于政治经济学视角的研究[J].内蒙古社会科学(汉文版),2019(5).

[185] 王红霞.现代化城乡区域发展体系研究[J].上海经济研究,2020(4).

[186] 王琼.现代化经济体系下的城乡协调发展[J].人民论坛,2018(36).

[187] 吴俊杰.论现代化经济体系:一个整体性视角[J].宏观经济

管理,2018(12).

[188] 杨瑞龙.建立现代化经济体系必须处理好政府与市场之间的关系[J].经济理论与经济管理,2018(1).

[189] 杨宜勇.如何建设现代化经济体系[J].人民论坛,2017(S2).

[190] 张燕生,梁婧姝.现代化经济体系的指标体系研究[J].宏观经济管理,2019(4).

[191] 张月友,董启昌,倪敏.服务业发展与"结构性减速"辨析——兼论建设高质量发展的现代化经济体系[J].经济学动态,2018(2).

[192] 周绍东,王立胜.现代化经济体系:生产力、生产方式与生产关系的协同整体[J].中国高校社会科学,2019(1).

[193] 周文.建设现代化经济体系的几个重要理论问题[J].中国经济问题,2019(5).

[194] 周泽红.完善社会主义市场经济体制是实现高质量发展的体制保障[J].上海经济研究,2020(1).

[195] Dagum C. A new approach to the decomposition of the Gini income inequality ratio[J]. Empirical Economics, 1997, 22(4).

[196] Rosenblatt M. Remarks on some nonparametric estimates of a density function[J]. Annals of Mathematical Statistics, 1956, 27(3).

[197] 邓丽姝.科技创新中心引领北京现代化经济体系建设的战略路径[J].城市发展研究,2019(2).

[198] 董志勇.科技创新与现代化经济体系[J].经济科学,2018(6).

[199] 彭五堂.现代化经济体系[M].北京:人民日报出版社,2021.

[200] 刘志彪,陈东,等.建设现代化经济体系研究[M].北京:中国财政经济出版社,2018.

[201] 党兴华,吴艳霞,薛伟贤,等.现代化经济体系建设研究——基于陕西的实证[M].北京:经济管理出版社,2020.

[202] 高培勇.现代化经济体系建设理论大纲[M].北京:人民出版社,2019.

[203] 张燕生,綦鲁明,等.建设现代化经济体系研究[M].北京:中国社会科学出版社,2019.

[204] 任保平.构建科学合理的中国式现代化的评价指标体系[J].学术界,2022(6).

[205] 易昌良.2015中国发展指数报告——"创新协调绿色开放共享"新理念、新发展[M].北京:经济科学出版社,2016.

[206] 广东省统计局课题组.广东经济增长质量和效益研究[J].统计与预测,2014(4).

[207] 张军超,杨文宇.北上广深经济增长质量测度和分析[J].工业技术经济,2016(3).

[208] 上海社科院.发布五大理念发展指数[EB/OL].[2023-04-15].http://www.sh.xinhuanet.com/2016-12/21/c_135923055.htm.

[209] 卡马耶夫.经济增长的速度和质量[M].武汉:湖北人民出版社,1983.

[210] 王积业.关于提高经济增长质量的宏观思考[J].宏观经济研究,2000(1).

[211] 周文.建设现代化经济体系的几个重要理论问题[J].经济研究参考,2019(22).

[212] 刘树成.论又好又快发展[J].经济研究,2007(6).

[213] 李永友.基于江苏个案的经济发展质量实证研究[J].中国工业经济,2008(6).

[214] 钞小静,任保平.中国经济增长质量的时序变化与地区差异分析[J].经济研究,2011(4).

[215] 李娟伟,任保平.重庆市经济增长质量评价与分析[J].重庆大学学报(社会科学版),2014(3).

[216] 杨新洪."五大发展理念"统计评价指标体系构建——以深圳市为例[J].调研世界,2017(7).

[217] 李玲娥.现代化经济体系构建与资源型经济高质量发展[J].政治经济学评论,2022(5).

[218] 门秀萍,李旭辉,何金玉.创新要素配置效率的区域差异及动态演进——基于长江经济带的统计测度[J].统计与决策,2022(9).

[219] 董伟.关于建设现代化经济体系与高质量发展的思考[J].中国商论,2019(21).

[220] 郭威.深刻把握现代化经济体系的科学内涵[N].光明日报,2022-05-12.

[221] 付文飙,赵平,苏国锋,等.现代化经济体系需要中国自主品牌的有力支撑[J].人民论坛,2019(33).

[222] 郑元.贯彻新发展理念　建设现代化经济体系[J].科技经济导刊,2019(32).

[223] 钟荣丙.城市群区域现代化经济体系的构成和评价研究[J].中共石家庄市委党校学报,2019(11).

[224] 吴伟萍.加快构建现代化经济体系　打造高质量发展先行典范[N].深圳特区报,2019-11-05.

[225] 吴燕妮.创新金融监管机制　为完善现代化经济体系提供支撑[N].深圳特区报,2019-11-05.

[226] 施文甫.浅谈对建设现代化经济体系的几点认识[N].贵州政协报,2019-10-31.

[227] 王保忠,李忠民.试论中国特色社会主义现代化经济体系[J].《资本论》研究,2020(1).

[228] 张晓娣.建设高质量开放经济体系[J].上海经济研究,2020

(4).

[229] 韩保江.推进国家经济治理体系和治理能力现代化[J].社会主义论坛,2020(2).

[230] [美]加布里埃尔·A.阿尔蒙德,小G.宾厄姆·鲍威尔.比较政治学——体系、过程和政策[M].曹沛霖,译.上海:上海译文出版社,1987.

[231] [美]梅里亚姆-韦伯斯特公司.韦式大学辞典(第10版)[M].北京:世界图书出版公司,1996.

[232] [美]C.E.布莱克.比较现代化[M].上海:上海译文出版社,1996.

[233] [美]贝迪阿·纳思·瓦尔马.现代化问题探索[M].周忠德,严矩新,编译.上海:知识出版社,1983.

[234] [美]塞缪尔·P.亨廷顿.变化社会中的政治秩序[M].王冠华,等译.北京:生活·读书·新知三联书店,1989.

[235] Barro R J. Quantity and Quality of Economic Growth[R]. Working Papers of Central Bank of Chile, Central Bank of Chile,2002.

[236] Deutsch K W. Social Mobilization and Political Development[J]. The American Political Science Review,1961,55(3).

后　　记

　　早在党的十九大上,习近平总书记站在新的历史起点,从党和国家事业全局出发,高瞻远瞩、审时度势,对建设现代化经济体系作出全面部署。2018年2月,中共中央政治局就建设现代化经济体系进行第三次集体学习。建设现代化经济体系是开启全面建设社会主义现代化国家新征程的重大任务,是紧扣我国社会主要矛盾转化推进经济建设的客观要求,也是适应我国经济由高速增长阶段转向高质量发展阶段的必然要求。

　　现代化经济体系概念的提出,本身就是经济学理论上一个重要创新。在此之前,经济体系一词更多用来表示一群经济个体之间存在的相互关系和内在联系,例如欧盟即是一个经济体系;或者认为经济体系是指一个国家或地区的经济结构和运行规则的总体,它包括经济法律、机构、市场和企业的相互作用及其产生的结果,以及政府和普通民众的社会关系,这其实就是对经济体制的理解,具体可以分为自由市场经济体制、计划经济体制或社会主义市场经济体制。习近平总书记指出:现代化经济体系,是由社会经济活动各个环节、各个层面、各个领域的相互关系和内在联系构成的一个有机整体。由此,赋予了经济体系这个概念产更加深刻的内涵。

　　建设现代化经济体系,既是一个理论命题,也是一个实践课题。如何评价一个有机的经济体制的现代化水平,既是一个重要的经济学研究课题,也是为满足国民经济各部门的需要而提供参考指标的重要实践课题。2018年开始,国内越来越多的学者认为需要加强现代化经济体系的指标体系和实证研究。2019年我以"新发展理念视域下现代化经济体系评价指标体系构建与实证研究"为题申请了华中科技大学自主创新项目并获批,随后我对全国和各省份2010年至2019年现代化经济体系建设的情况进行了统计分析。2020年初暴发的新冠疫情给现代化经济体系的建设工作及我本人的研究工作带来了困难:2020年到2022年疫情防控背景下我国经济社会各项工作,包括现代化经济体系的建设,无疑都会成为经济社会长期发展轨迹的一个奇异点,2020年到2022年全国和各省份现代化经济体系的实际建设情况与2019年我所做的趋势预测也存在较大的差异。当然,量化研究新冠疫情给现代化经济体系建设带来的影响也是一个非常有意义的课题,但只能留给后续研究了。

因为这是一个构建评价指标体系并进行统计实证的课题,各项数据的获取是本研究的一个难点。我的学生侯美鹏为此做了大量的数据收集、整理以及分析处理工作,为本课题的完成作出了重要贡献。吴鑫毅、肖丽敏、徐清扬、曹婉婷、郑启龙、刘琪琛、王天瑞和赵羡文也协助我处理了资料搜集和文字加工工作,在此一并表示感谢!

感谢华中科技大学马克思主义学院各位领导对本研究的支持以及学院对本书的资助。特别要感谢华中科技大学党委宣传部原常务副部长、马克思主义学院党委原书记、管理学院党委书记胡艳华老师。听说我出版本书经费不足,胡艳华毅然慷慨解囊,从自己主持的教育部高校示范马克思主义学院和优秀教学科研团队建设项目经费中资助了剩余部分。感谢出版社杨玲编辑,因为我的拖拉,给她带来了许多困扰。

作者

2022年12月